DOC' EN POCHE

L'ACTU

Le président de la République

en 30 questions

(3e édition)

Isabelle Flahault

responsable éditoriale
à La Documentation française

Philippe Tronquoy

a été rédacteur en chef
de la revue *Cahiers français*

La **documentation** Française

DOC'EN POCHE
ENTREZ DANS L'ACTU

Avertissement au lecteur

Les opinions exprimées n'engagent que leurs auteurs.
Ces textes ne peuvent être reproduits sans autorisation.

Celle-ci doit être demandée à :

Direction de l'information légale et administrative

26, rue Desaix
75727 Paris cedex 15

ISBN : 978-2-11-157557-8

Sommaire

Panorama 5

L'auteur présente le sujet, son actualité, et l'illustre de faits, de lois, de chiffres, de comparaisons internationales

Questions-réponses 23

1 question = 1 double-page de réponse

Le président, une création de la Ve République ? 24
Quel est le rôle du président ? 26
Qui peut devenir président ? 28
Comment la campagne électorale se déroule-t-elle ? 30
Comment la campagne électorale est-elle financée ? 32
Comment le président est-il élu ? 34
Quelle est la durée du mandat présidentiel ? 36
Que se passe-t-il en cas de décès ou de démission ? 38
Pourquoi parle-t-on d'« irresponsabilité politique » du président ? 40
Quelle responsabilité pénale, civile et administrative ? 42
Le président peut-il être destitué ? 44
Le président a-t-il tous les pouvoirs ? 46
Le président, un « monarque républicain » ? 48
Le président, une exception française ? 50
Du président « arbitre » au président « capitaine » ? 52
Quels sont les pouvoirs de nomination du président ? 54
Quelles sont les relations du président avec le gouvernement ?... 56
Le président est-il le chef de l'exécutif ? 58
Les cohabitations, un président amoindri ? 60

Quels sont les rapports entre le président et le Parlement ? 62
La dissolution, une arme présidentielle ? 64
Pour quelles raisons le président peut-il organiser un référendum ? 66
Quel est le rôle du président dans le domaine de la justice ? 68
Quels sont les rapports entre le président et le Conseil constitutionnel ? 70
Le président, le premier des diplomates ? 72
Le président, un chef de guerre ? 74
Comment le président peut-il déclencher le « feu nucléaire » ? 76
Quels sont les services de l'Élysée et leur budget ? 78
Le président, un grand bâtisseur ? 80

@ vous la parole 83

Une interaction avec les internautes de vie-publique.fr : la mise en ligne, lors de la parution de l'ouvrage, des réponses à une sélection de questions

Bibliographie et sitothèque 93

Pour aller + loin : les principaux livres et sites internet

Panorama

Panorama

// Les 10 et 24 avril 2022, les Français éliront pour la onzième fois consécutive le président de la République. Il s'agira de désigner le titulaire du douzième mandat présidentiel depuis l'instauration de la Ve République en 1958. L'élection du chef de l'État au suffrage universel est devenue, en France, le rendez-vous électoral majeur de la vie politique en même temps que le « marqueur » par excellence des institutions. Mais quels sont les pouvoirs du président ? Quelle est sa place au sein de nos institutions ? Détenteur de nombreuses prérogatives, peut-il pour autant être toujours qualifié de « monarque républicain » ? //

L'institution présidentielle en 2022

Le 4 octobre 2022, la Ve République entrera dans sa soixante-cinquième année – se rapprochant ainsi du record de longévité de soixante-dix ans de la IIIe République – et, pour la majorité des Français, le président de la République – qui désigne dans ce livre la fonction institutionnelle en France, celle-ci pouvant être occupée par une femme ou un homme – aura toujours incarné le pouvoir suprême. Qu'il s'agisse de la politique intérieure ou de la conduite de la diplomatie, la figure du chef de l'État est assurément associée aux décisions engageant l'avenir. Et, bien évidemment, l'élection présidentielle constitue depuis 1965 le moment le plus décisif de la vie politique, la « mère des batailles ».

Indépendamment de la personnalité des titulaires successifs de la charge, la permanence l'emporte lorsque l'on examine la fonction de chef de l'État. Un certain nombre d'évolutions institutionnelles ont, pour autant, eu lieu depuis 1958. Les plus récentes sont intervenues avec la dernière réforme de la Constitution du 23 juillet 2008.

Dans le droit fil des présidences antérieures, le chef de l'État manifeste une activité diplomatique intense. Et au cours de ces dernières décennies, les sommets internationaux se sont multipliés (Conseils européens, sommets du G8 et du G20, COP 26 sur le changement climatique...). Pourtant, la multiplication des crises – dette grecque, afflux des réfugiés, Brexit, Covid-19 – ou encore la lutte contre le terrorisme international met à rude épreuve le pouvoir des chefs d'État ou de gouvernement. Un pouvoir que, pour la France, le général de Gaulle avait voulu assurer grâce à la large capacité de décision du pouvoir exécutif – qui a la charge de conduire la politique nationale – avec à sa tête le président de la République.

Pourquoi élire le président au suffrage universel ?

Le général de Gaulle souhaitait que le président de la République apparaisse sans conteste comme « l'homme de la Nation » et que sa position de véritable chef de l'exécutif soit ainsi assurée. Il estimait que, si son action pendant la Seconde Guerre mondiale lui avait donné la stature nécessaire pour exercer la fonction de chef de l'État de cette façon, cette légitimité historique pourrait manquer à ses successeurs. Alors qu'il avait été élu en décembre 1958 par un collège électoral au suffrage universel mais indirect, il décida donc de proposer aux Français par la voie du référendum, le 28 octobre 1962, l'élection du président au suffrage universel direct.

Cette décision provoqua un des premiers grands affrontements politiques de la Ve République. Elle signifiait en effet que la lecture « présidentielle » du régime, qui avait cours depuis quatre ans, n'était pas une parenthèse appelée à se refermer après la guerre d'Algérie. Plusieurs partis politiques s'opposaient à cette lecture. Mais le « oui » au référendum de 1962 l'ayant emporté avec 62 % des voix, c'est par l'ensemble du corps électoral que de Gaulle est réélu en décembre 1965. Par la suite, ce changement constitutionnel est assez vite entériné par les partis. La candidature de François Mitterrand à la présidence en 1965, candidat unique de la gauche, soutenu notamment par la SFIO et le Parti communiste, avait déjà valeur d'acceptation.

La révision de 1962, « une forfaiture ? »

C'est le mot employé par Gaston Monnerville, président du Sénat de l'époque, à l'encontre du Premier ministre Georges Pompidou et de son gouvernement, en septembre 1962. Comme la plupart des juristes, il critique la procédure utilisée pour réviser la Constitution. Il s'agit de celle de l'article 11 qui permet normalement de soumettre au référendum des projets de loi ordinaire et non des révisions de la Constitution. Cette procédure est prévue, quant à elle, à l'article 89. L'article 11 a l'avantage de permettre au président de se passer de l'accord du Parlement sur le texte proposé avant de le proposer au vote des Français. Le 5 octobre 1962, une motion de censure est adoptée à l'Assemblée nationale et renverse le gouvernement Pompidou. C'est la seule motion de censure à avoir été votée jusqu'à aujourd'hui. De Gaulle a répondu par la dissolution de l'Assemblée.

Les enquêtes d'opinion ont toujours montré l'attachement des Français à ce mode électoral, ce qu'atteste leur mobilisation aux élections présidentielles, qui échappent jusqu'à présent à la montée de l'abstention. En 2012, les taux de participation aux deux tours de l'élection étaient respectivement de 79,48 % et 80,35 % des inscrits, soit une abstention de 20,52 % et 19,65 %. En 2017, si cette dernière a un peu augmenté pour atteindre 25,44 % au second tour, ce taux reste inférieur au maximum connu pour ce type d'élection de 31,15 % au second tour en 1969, et bien loin du record des élections régionales de 2021 avec 66,72 % d'abstention au premier tour.

Une place ambiguë au sein de l'exécutif

La position qu'occupe le chef de l'État dans les institutions est au cœur de la spécificité de la Ve République.

Sous les IIIe et IVe Républiques, le pouvoir exécutif s'était révélé très faible et l'instabilité gouvernementale très forte : 107 gouvernements de 1875 à 1940 et 25 entre octobre 1946 et juin 1958. Le fondateur de la Ve République a voulu rompre avec ce passé. Ainsi la Constitution du 4 octobre 1958 donne au pouvoir exécutif de puissants moyens pour gouverner, notamment par le biais du « parlementarisme rationalisé ». Il s'agit des dispositions permettant d'encadrer le fonctionnement du Parlement pour éviter la paralysie et l'instabilité ministérielles. Parmi ces mesures, on compte, par exemple, la maîtrise de la quasi-totalité de l'ordre du jour des deux assemblées jusqu'à la révision de 2008, et de la moitié depuis.

Mais en dotant l'exécutif de pouvoirs importants, la Constitution n'est pas sans ambiguïté quant aux prérogatives respectives du président de la République et du Premier ministre. Si le président dispose des attributions majeures – désignation du chef du gouvernement, dissolution de l'Assemblée nationale, pouvoirs de crise (article 16), recours au référendum, larges pouvoirs de nomination… –, le Premier ministre « détermine et conduit la politique de la Nation » (article 20) et « dirige l'action du gouvernement » (article 21).

Il en résulte un fonctionnement de l'exécutif différent selon que le président bénéficie ou non du soutien d'une majorité des députés. Dès lors que la majorité de l'Assemblée nationale lui est hostile (cohabitation), sa liberté pour nommer le chef du gouvernement devient très théorique. Ce dernier doit en effet avoir la confiance de l'Assemblée nationale qui sinon peut le renverser. Sans majorité, le chef de l'État est alors amené à désigner comme Premier ministre le responsable du parti ayant le plus grand nombre de représentants à l'Assemblée. Une fois installé à l'hôtel Matignon, c'est à ce dernier qu'appartient dès lors la réalité du pouvoir, même si le président conserve un rôle clé dans les domaines de la politique étrangère et de la défense.

Une singularité par rapport aux autres régimes existants

Outre ce fonctionnement différencié en période de cohabitation ou non, la singularité de la Ve République est manifeste lorsqu'on la compare aux autres régimes existants. Et de nouveau, on retrouve la fonction présidentielle.

Les régimes démocratiques se classent en régimes présidentiels et en régimes parlementaires.

Les présidents de la Ve République : de Gaulle, Pompidou, Giscard d'Estaing

- Charles de Gaulle (1959-1969)

Il donne à la France de nouvelles institutions : c'est le fondateur de la Ve République. Son œuvre est considérable : décolonisation, restauration de l'État, réconciliation franco-allemande, expansion économique. Ses priorités sont l'indépendance nationale et le rayonnement de la France dans le monde.

- Georges Pompidou (1969-1974)

Il consolide les institutions de la Ve République. Soucieux du progrès économique et technologique, il fait entrer la France dans la modernité et impulse la construction européenne. Afin d'assurer l'indépendance énergétique, il décide un programme ambitieux de construction de centrales nucléaires.

- Valéry Giscard d'Estaing (1974-1981)

Son septennat est celui des réformes de société : abaissement de la majorité à 18 ans, divorce par consentement mutuel, dépénalisation de l'interruption volontaire de grossesse. Européen convaincu, il appuie le développement des institutions communautaires et c'est un des artisans du système monétaire européen. C'est aussi le premier président qui doit affronter la crise économique.

Dans les premiers, comme c'est le cas aux États-Unis, le président est élu au suffrage universel et exerce à la fois les fonctions de chef de l'État et de Premier ministre. Il ne peut dissoudre le Parlement, lequel ne peut pas non plus le renverser. Il existe donc une très claire séparation entre les pouvoirs exécutif et législatif (vote des lois et contrôle du gouvernement).

Dans les seconds, le président – pour les monarchies constitutionnelles, c'est le souverain, comme en Grande-Bretagne – remplit des fonctions de représentation et veille au respect des institutions. Le Premier ministre y dirige le pouvoir exécutif. Il est responsable devant les députés qui peuvent donc renverser son gouvernement. En retour, le Premier ministre a la possibilité de dissoudre l'Assemblée – ou de demander sa dissolution – et de procéder à de nouvelles élections.

La Ve République n'a pas instauré un régime présidentiel. Le président, en dehors des situations de cohabitation, est le chef de l'exécutif mais la fonction de Premier ministre existe elle aussi. Et surtout il n'y a pas d'étanchéité entre l'exécutif et le législatif car si le président est irresponsable devant l'Assemblée nationale, qui ne peut pas le renverser, elle peut en revanche être dissoute par lui. Et celle-ci peut renverser le gouvernement en votant une motion de censure.

La Ve République n'a évidemment pas non plus instauré un régime parlementaire classique, étant donné les pouvoirs du président. Sa nature est donc souvent qualifiée d'« hybride », empruntant à la fois au régime présidentiel et au régime parlementaire. On parle aussi de « régime présidentiel à la française » ou encore de régime « semi-présidentiel ».

Les présidents de la Ve République : Mitterrand, Chirac, Sarkozy

- François Mitterrand (1981-1995)

C'est le président qui veut « changer la vie » : retraite à 60 ans, réduction de la durée du travail, allongement des congés payés. Il fait abolir la peine de mort et complète l'œuvre de son prédécesseur sur les questions de société et les libertés. Il engage la décentralisation et accélère le processus d'unification européenne pour la réalisation d'un marché unique et l'union monétaire.

- Jacques Chirac (1995-2007)

Il refuse le « choc des cultures » et place la France dans le camp de la paix et du dialogue. Il a pour souci de préserver le modèle social français et relance la décentralisation. Il prend position pour la défense de l'environnement (« La maison brûle », IVe Sommet de la Terre, 2002) et l'inscrit dans la Constitution. Il fait accepter par référendum la réduction du mandat présidentiel de sept à cinq ans (le quinquennat).

- Nicolas Sarkozy (2007-2012)

C'est le président de la rupture dans tous les domaines. Il veut conforter la place de la France dans un univers mondialisé. Il aménage la législation afin de davantage valoriser le travail, et réforme des secteurs clefs (université, justice, santé, organisation territoriale…). Il modernise les institutions pour donner plus de droits au Parlement et aux citoyens.

Un président omnipotent ?

À cette question, malgré l'importance des pouvoirs présidentiels, la réponse est « non ». Le président ne saurait dans une démocratie imposer sans limite sa volonté. Sa majorité parlementaire peut s'opposer à certaines de ses décisions, même si son Premier ministre a le pouvoir de mettre au pied du mur les députés. Ainsi, celui-ci peut engager sa responsabilité sur un projet de loi, c'est-à-dire obliger les députés à voter en faveur du texte ou à le renverser. C'est le fameux article 49-3 de la Constitution. Lors des cohabitations, le président doit composer avec une majorité de sensibilité politique opposée. Enfin, le Conseil constitutionnel peut aussi censurer les lois qu'il juge contraires à la Constitution.

Mais beaucoup de commentateurs ont débattu de cette institution présidentielle qui rappellerait la monarchie. Il est vrai que le président de la République domine l'actualité de façon continue. Si jadis l'on vivait sous tel ou tel monarque, aujourd'hui les diverses présidences ponctuent notre existence. Du reste, le langage courant associe la fuite du temps et l'« hôte de l'Élysée » : il y a les années Pompidou, les années Giscard, etc. Mais bien évidemment, c'est par leur œuvre politique que les présidents s'inscrivent dans l'histoire. Il est d'ailleurs facile d'identifier chacun des chefs d'État qui se sont succédé depuis 1958 à de grandes orientations, décisions ou réalisations.

Les présidents de la Ve République : Hollande et Macron

- François Hollande (2012-2017)

La jeunesse et l'éducation sont affichées comme ses priorités. La réduction des déficits publics et du chômage (lois « Macron » et « El Khomri ») sont également au cœur de son action. Il réalise, avec le mariage pour tous, une importante réforme de société. C'est enfin le président qui doit faire la guerre au terrorisme, sur le sol national et hors de France en engageant les forces militaires dans plusieurs opérations extérieures (Mali, Syrie, Irak).

- Emmanuel Macron (2017-2022)

Il place son action sous le signe de la réforme : moralisation de la vie politique, Code du travail, assurance-chômage, SNCF, fiscalité (suppression de l'ISF remplacé par un impôt sur la fortune immobilière), éducation (dédoublement des classes de CP et CE1 en zones prioritaires, réforme du Bac...), défense (loi de programmation militaire 2019-2025). La PMA est élargie aux célibataires et aux couples de femmes. Sa présence est affirmée sur la scène internationale (présidence française de l'UE en 2022, du G7 de Biarritz en 2019). La crise sanitaire de la Covid-19 domine la seconde partie du mandat.

Inversement aussi, à des illusions, des renoncements, des échecs plus ou moins marquants. Et le général de Gaulle a voulu qu'ils disposent de larges pouvoirs pour atteindre leurs buts. Si les attributions présidentielles ont pu être jugées surdimensionnées pour quelqu'un d'autre que l'homme du 18 juin 1940, ses successeurs ont montré leur capacité à les exercer.

La première alternance politique en 1981 a représenté un moment important pour la Constitution et il est apparu immédiatement que François Mitterrand exercerait la plénitude du pouvoir présidentiel. Quelques semaines après son élection, il déclarait : « Les institutions n'étaient pas faites à mon intention. Mais elles sont bien faites pour moi » (*Le Monde*, 2 juillet 1981).

Le quinquennat, pour quelles raisons ?

La première cohabitation, à la suite des élections législatives de mars 1986, d'un président et d'un Premier ministre politiquement opposés a constitué un autre moment de test. La fonction présidentielle était ici encore centrale. Cette situation s'est renouvelée en 1993 et en 1997. Au total, les trois cohabitations ont duré neuf ans et ont démontré la « souplesse » de la Constitution… et l'ancrage de son exercice présidentiel.

En effet, le Premier ministre est alors apparu comme le détenteur des pouvoirs les plus importants. Il a pu conduire la politique qu'il entendait mener. Mais sitôt la cohabitation finie, à chaque fois le président a retrouvé toutes ses prérogatives. Durant la cohabitation, les présidents ont laissé les Premiers ministres gouverner. Ceux-ci reconnaissant que, pour la défense et les relations extérieures, ils devaient accepter de parvenir à une position commune avec l'Élysée. Certes, il n'était pas de leur intérêt de vouloir « abaisser » une fonction que tous s'apprêtaient à briguer. D'ailleurs, après la victoire du « oui » au référendum du 24 septembre 2000 substituant le quinquennat au septennat, le Premier ministre, Lionel Jospin, a décidé que l'élection présidentielle précéderait de quelques semaines les législatives. Cet ordre de succession maintenait la primauté présidentielle.

Dans ce passage au quinquennat, il y avait la volonté d'éviter l'usure du pouvoir et de consulter plus souvent les électeurs. Mais cette quasi-coïncidence entre l'élection présidentielle et les législatives avait aussi pour but de rendre improbable à l'avenir la cohabitation. Les électeurs étant supposés voter pour le même camp politique et ainsi donner au président une majorité de députés le soutenant.

En effet, la cohabitation est jugée négativement. Bien qu'elle n'ait jamais débouché sur une crise des institutions, elle peut conduire à différer des décisions importantes. De plus, il est toujours possible qu'un désaccord majeur oppose les deux têtes de l'exécutif sur une question relevant de la politique extérieure ou intéressant la défense.

République et démocratie

La démocratie renvoie à la préservation des libertés et des droits des individus, ainsi qu'au gouvernement du peuple. La République, tout en défendant ceux-ci, insiste sur l'engagement des citoyens dans la vie publique et valorise l'unité du peuple pour la réalisation d'objectifs communs. L'une s'appuie sur les intérêts privés, l'autre exalte la vertu civique. Mais elles peuvent être complémentaires en combattant leurs dérives potentielles respectives : montée des égoïsmes dangereuse pour le lien social, exaltation de l'unité menaçant le respect du pluralisme.

La fonction présidentielle depuis 2017

Durant son quinquennat, le président de la République n'a pas modifié les institutions. Son exercice de la fonction a été marqué à la fois – ou « en même temps » – par une solennité et une verticalité mais aussi par une proximité et une volonté de débattre.

La solennité s'est manifestée le soir même de son élection, le 7 mai 2017, avec la « marche » et le discours du nouveau chef de l'État au Louvre. Après un « président normal » sous le mandat de François Hollande, qui souhaitait lui-même rompre avec l'« hyper-président » Nicolas Sarkozy, Emmanuel Macron entend être un « président jupitérien » (entretien au magazine *Challenges*, 16 octobre 2016). L'adjectif choisi n'étant pas sans lien avec le rôle de chef des armées du chef de l'État, Jupiter étant le nom du poste de commandement (PC) situé à l'Élysée. Ses adresses aux députés et sénateurs réunis en Congrès à Versailles, en 2017 et 2018, symbolisaient aussi cette solennité.

Lors de la crise sanitaire de la Covid-19, les prises de parole fortes – par exemple celle du 16 mars 2020 annonçant le confinement, « nous sommes en guerre » – ont été réservées au chef de l'État. Celui-ci a présidé également les conseils de défense sanitaire où étaient débattues les mesures pour lutter contre l'épidémie. Ce dispositif a d'ailleurs suscité des critiques de l'opposition parlementaire, jugeant que le Parlement était alors réduit à un rang de chambre d'enregistrement.

Cependant, l'exercice de la fonction présidentielle a également été marqué par des moments de proximité et de débat. Les images de bain de foule du chef de l'État en déplacement en train de serrer des mains ont été fréquentes. Le président a lui-même lancé le Grand Débat national, organisé du 15 janvier au 10 avril 2019 à la suite du mouvement des Gilets jaunes de l'hiver 2018-2019, et participé à de nombreuses rencontres et débats avec des élus et des membres de la société civile (plus de 84 heures selon les décomptes de l'Élysée). À la suite du Grand Débat, le président a également annoncé la création d'une Convention citoyenne pour le climat dont les 150 membres ont été tirés au sort. Cette convention a constitué une expérience démocratique inédite jusqu'alors en France.

Les élections présidentielles depuis 1958

– 21 décembre 1958 : élection du général de Gaulle par un collège de 81 000 grands électeurs (parlementaires et élus locaux).

– 5 et 19 décembre 1965 : le général de Gaulle est élu au second tour avec 55,2 % des suffrages exprimés. C'est la première élection présidentielle au suffrage universel direct.

– 1er et 15 juin 1969 : élection de Georges Pompidou au second tour (58,2 % des suffrages exprimés).

– 5 et 19 mai 1974 : élection de Valéry Giscard d'Estaing au second tour (50,8 % des suffrages exprimés).

– 26 avril et 10 mai 1981 : élection de François Mitterrand au second tour (51,7 % des suffrages exprimés).

– 24 avril et 8 mai 1988 : réélection de François Mitterrand au second tour (54 % des suffrages exprimés).

– 23 avril et 7 mai 1995 : élection de Jacques Chirac au second tour (52,6 % des suffrages exprimés).

– 21 avril et 5 mai 2002 : réélection de Jacques Chirac au second tour (82,2 % des suffrages exprimés).

– 22 avril et 6 mai 2007 : élection de Nicolas Sarkozy au second tour (53 % des suffrages exprimés).

– 22 avril et 6 mai 2012 : élection de François Hollande au second tour (51,6 % des suffrages exprimés).

– 23 avril et 7 mai 2017 : élection d'Emmanuel Macron au second tour (66,1 % des suffrages exprimés).

Questions-réponses

›››››››››

Le président, une création de la Vᵉ République ?

Non, il apparaît en 1848

C'est la IIᵉ République (1848-1852) qui crée la fonction présidentielle. Le président est élu au suffrage universel masculin pour un mandat de quatre ans non renouvelable immédiatement. Louis-Napoléon Bonaparte est élu. Mais à la fin de son mandat, faute d'avoir obtenu une réforme lui permettant de se représenter, il fait un coup d'État pour garder le pouvoir. Il abat la République et proclame l'Empire. Il prend le nom de Napoléon III.

Puis revient avec la IIIᵉ et la IVᵉ Républiques

Après le rétablissement de la République en 1870, le « chef du pouvoir exécutif » reçoit en 1871 le titre de président de la République. En 1873, son mandat est fixé à sept ans. En 1875, il est décidé qu'il sera élu par les assemblées (Chambre des députés et Sénat) : la fonction est recréée. La IVᵉ République (1946-1958) reprendra les mêmes dispositions. Mais ces présidents ont peu de pouvoirs, ils incarnent la République sans la gouverner.

Mais oui aussi, car la Vᵉ République, c'est d'abord un président

À l'inverse, la Constitution de 1958 voulue par le général de Gaulle fait du président le personnage central de l'État. Le président n'est donc pas apparu avec la Vᵉ République. Mais le président doté de pouvoirs importants, tel que nous le connaissons aujourd'hui, est une création de la Vᵉ République.

Un président dans l'attente d'un roi

››› Le retour de la fonction présidentielle en 1871 est le fait de circonstances particulières. Au début de la IIIe République, les Royalistes dominent l'Assemblée nationale. Ils veulent rétablir la monarchie, mais sont divisés entre deux prétendants. Dans l'attente d'un accord et pour gagner du temps, ils rétablissent la fonction présidentielle. Ils la confient à un de leurs partisans (Patrice de Mac-Mahon) et fixent la durée de son mandat à sept ans. Mais rapidement, les Républicains conquièrent la République. Ils obtiennent la majorité à l'Assemblée et l'un d'eux, Jules Grévy, devient président de la République en 1879.

Jusqu'en 1958, un rôle effacé

››› Le souvenir du coup d'État de Louis-Napoléon Bonaparte est longtemps resté vivace. Jusqu'en 1958, le président a un rôle secondaire. Sont élus des personnages effacés et peu ambitieux (« Votons pour le plus bête », aurait dit Clemenceau en 1887).

25 présidents depuis 1848

››› Un sous la IIe République, quatorze sous la IIIe République, deux sous la IVe République, huit depuis les débuts de la Ve République.

Le saviez-vous ?

››› Une Constitution, ou loi fondamentale, est l'ensemble des règles qui définissent l'organisation et le fonctionnement d'un État.

Quel est le rôle du président?

C'est le chef de l'État

Premier responsable de la bonne marche du pays, il incarne l'autorité de l'État. Il doit veiller au respect de la Constitution : il est le garant du bon fonctionnement de la démocratie et du respect des libertés. Responsable de l'indépendance nationale et de l'intégrité du territoire, il est le chef des armées. En cas de péril grave, il peut décider de l'emploi de la force nucléaire. Président de tous les Français, même de ceux qui n'ont pas voté pour lui, il a en charge l'essentiel : l'unité nationale.

Ses pouvoirs sont importants

Il nomme le Premier ministre et les membres du gouvernement, les principaux responsables de l'administration, les ambassadeurs. Il dirige la politique extérieure (on parle d'un domaine réservé) et est l'interlocuteur des dirigeants des autres pays. Il intervient dans les choix économiques, stratégiques, culturels. Son action influence directement la vie des Français.

Mais ne sont pas illimités

Le président est au centre du pouvoir, mais il n'a pas tous les pouvoirs. Il a ceux que la Constitution lui reconnaît. Il ne peut pas faire et défaire les lois à sa convenance, sans l'accord du gouvernement et des assemblées parlementaires. Il doit surtout tenir compte de l'avis des citoyens afin de garder leur confiance.

Paroles de président

››› « Le président, qui, suivant notre Constitution, est l'homme de la nation, mis en place par elle-même pour répondre de son destin », général de Gaulle, conférence de presse, 31 janvier 1964.
« Le président de la République a deux fonctions. Il doit assurer le bon fonctionnement des institutions [...], il est en même temps le protecteur des libertés des Français », Valéry Giscard d'Estaing, conférence de presse, 17 janvier 1977.
« Le président de la République a beaucoup de pouvoirs, il n'a pas tous les pouvoirs », François Mitterrand, entretien télévisé, 9 décembre 1981.

La clef de voûte

››› Pour illustrer le rôle du président, Michel Debré, un des auteurs de la Constitution de 1958 et Premier ministre du général de Gaulle, a employé une image empruntée à l'architecture. Le président, c'est la « clef de voûte ». Comme la pierre placée au sommet d'une voûte lui donne son équilibre et sa stabilité, le président par ses pouvoirs et son rôle assure la cohésion des institutions.

À chacun son style

››› Le président, c'est aussi un homme avec sa personnalité, son caractère, son histoire. C'est pourquoi les huit présidents de la Ve République ont chacun à leur manière exercé leur fonction. Dans le respect de la Constitution, ils ont par exemple laissé plus ou moins de marge d'action à leurs Premiers ministres et à leurs gouvernements. Ils ont un point commun : tous les successeurs du général de Gaulle ont veillé à maintenir le prestige que ce dernier avait voulu donner à la fonction.

Qui peut devenir président ?

Tout citoyen français

Il faut être citoyen français, avoir le droit de vote et, depuis 2011, être âgé d'au moins 18 ans (23 ans auparavant). Il faut être en règle avec les textes régissant les obligations liées au service national militaire. Enfin, le candidat doit faire preuve de « dignité morale ». Ce sont des conditions peu contraignantes que remplissent la quasi-totalité des Français adultes. Comment éviter un trop grand nombre de candidats ou écarter les candidatures fantaisistes ?

Enfin presque

Il faut recueillir les signatures de 500 élus – d'au moins trente départements ou collectivités d'outre-mer sans que plus de 10 % proviennent d'un même département – qui sont ensuite vérifiées et validées par le Conseil constitutionnel. Ce système des parrainages agit donc comme un filtre. Il favorise les personnalités d'envergure nationale représentant les grands courants d'opinion. Ce mode de sélection contraignant limite, mais n'empêche pas, la multiplication des candidatures : six en 1965, dix en 2012, onze en 2017, douze en 1974 et en 2007, seize en 2002… Pour les « petits » candidats, c'est un obstacle qui les oblige à la « chasse aux signatures » plusieurs mois avant l'élection. L'objectif est rarement atteint. Difficile d'être élu sans l'appui d'un parti politique important, la seule exception étant l'élection d'Emmanuel Macron en 2017.

Déclaration de patrimoine et compte de campagne : deux formalités obligatoires

››› Les candidats retenus doivent fournir au Conseil constitutionnel un état de leur patrimoine. Le candidat élu devra renouveler l'opération à la fin de son mandat. Ils doivent désigner un mandataire financier responsable de la tenue du compte de leur campagne électorale qui sera vérifié après l'élection par la Commission nationale des comptes de campagne et des financements politiques. Il s'agit de moraliser la vie politique et, en cas de non-observance des règles (financements douteux ou non autorisés, enrichissement personnel lié au mandat), de sanctionner.

Qui peut parrainer un candidat ?

››› Environ 42000 élus : les députés, les sénateurs, les députés européens, les membres des assemblées des collectivités d'outre-mer, ceux de l'assemblée de Corse, les conseillers régionaux et départementaux, les maires, les présidents de métropole... Un élu ne peut parrainer qu'un seul candidat.

Le Conseil constitutionnel, le juge de l'élection

››› C'est une institution composée de neuf personnalités nommées et des anciens présidents de la République. Son rôle est important : il vérifie la conformité des lois et des traités internationaux à la Constitution et contrôle la régularité des grandes consultations électorales.

Comment la campagne électorale se déroule-t-elle ?

Selon des règles strictes

Le président doit être un élu incontestable. Aussi le processus de l'élection est très encadré par la loi. C'est le Conseil constitutionnel qui en est le juge suprême. La première règle est l'égalité de traitement entre les candidats garantie par la Commission nationale de contrôle de la campagne électorale. Le Conseil supérieur de l'audiovisuel y veille pour les médias. Depuis 2016, le principe d'équité remplace celui d'égalité des temps de parole, qui a cours désormais uniquement pendant les deux semaines de campagne officielle. La Commission des sondages vérifie l'objectivité des enquêtes d'opinion dont la publication est autorisée jusqu'à l'avant-veille du scrutin.

Et un calendrier précis

Il est fonction de la date de la fin du mandat du président en exercice. L'élection doit intervenir entre vingt et trente-cinq jours avant cette échéance. La campagne électorale officielle est courte. Elle commence deux semaines avant le premier tour de l'élection. Elle reprend après la publication des résultats de ce dernier. Dans les deux cas, elle s'achève l'avant-veille du scrutin, c'est-à-dire le vendredi à minuit.

En fait, la compétition électorale commence bien avant. Les candidats annoncent en effet leur intention de participer à l'élection souvent plusieurs mois auparavant.

Le calendrier de l'élection de 2022

››› – 30 janvier au plus tard : décret de convocation des électeurs. Le lendemain, ouverture de la période de transmission au Conseil constitutionnel (CC) des « parrainages » des candidats.
– Jusqu'au 4 mars environ : envoi des parrainages dont la liste est mise en ligne sur le site du CC.
– autour du 11 mars : publication au *Journal officiel* de la liste des candidats arrêtée par le CC.
– Avant le 23 avril : publication des déclarations de patrimoine des candidats par la Haute Autorité pour la transparence de la vie publique.
– 28 mars : début de la campagne officielle radiotélévisée sous le contrôle du Conseil supérieur de l'audiovisuel.
– 9 avril à 0h00 : fin de la campagne officielle du premier tour.
– 10 avril : premier tour de scrutin.
– 24 avril : second tour de scrutin.
– 13 mai au plus tard : passation de pouvoir.

Qui fixe la date de l'élection ?

››› C'est le Conseil des ministres, plusieurs mois avant l'élection. Ainsi pour l'élection du printemps 2022, les dates ont été arrêtées lors du Conseil des ministres du 13 juillet 2021.

Le saviez-vous ?

››› Un face-à-face télévisé oppose depuis 1974 les deux challengers du second tour. Une seule exception, en 2002, Jacques Chirac a refusé le débat avec Jean-Marie Le Pen par rejet de ses idées.

Comment la campagne électorale est-elle financée ?

Par un financement public et privé

L'État prend d'abord en charge l'organisation de l'élection : l'impression des bulletins de vote et des professions de foi, leur acheminement, les émissions officielles radio-télévisées… Ensuite, après l'élection, les candidats perçoivent le remboursement de leurs frais de campagne, dont le montant dépend de leurs résultats. Une avance de 200 000 euros sur ce remboursement (153 000 euros avant mars 2021) leur a été versée dès la publication de la liste des candidats.
Le financement privé provient, quant à lui, de l'apport personnel du candidat, des dons de particuliers, d'opérations commerciales (vente de produits dérivés à l'effigie du candidat), des contributions des partis politiques.

Toutes les dépenses, plafonnées et contrôlées

L'ensemble des dépenses électorales autorisées sont limitées. Les plafonds sont en principe réévalués tous les trois ans, ce qui n'a cependant pas été fait depuis 2012, en raison du déficit des administrations publiques. En 2012, ces plafonds ont été fixés à 16,851 millions d'euros pour les candidats présents au premier tour, à 22,509 millions pour les deux candidats du second tour. Les dépenses et les recettes des candidats sont inscrites sur leur compte de campagne qui est vérifié par la Commission nationale des comptes de campagne et des financements politiques (CNCCFP). En cas d'irrégularités, le candidat est privé de tout ou partie du remboursement forfaitaire auquel il a droit.

L'élection de 2017 en quelques chiffres

››› – 74,9 millions d'euros ont été dépensés par les onze candidats.
– 39,08 millions d'euros leur ont été remboursés.
– 12,4 millions d'euros, c'est le coût des dépenses de propagande imprimée (ex. : tracts, affiches…) des candidats.
(Source : CNCCFP, *19e rapport d'activité,* 2017).

Des règles strictes

››› Le financement des campagnes électorales est très encadré. Les dons des personnes morales (entreprises, associations…) sont interdits depuis 1995. Ceux des particuliers ne peuvent pas dépasser 4600 euros. Les dons supérieurs à 150 euros doivent être effectués par chèque, virement ou carte bancaire. Depuis 2017, les prêts doivent être contractés auprès d'établissements situés dans l'Union européenne (loi pour la confiance dans la vie politique).

Un remboursement forfaitaire des frais de campagne

››› Les candidats qui ont obtenu moins de 5 % des suffrages au premier tour sont remboursés au maximum de 4,75 % du montant du plafond des dépenses de campagne. Ceux qui ont obtenu plus de 5 % des voix au premier tour et les deux candidats présents au second tour, à 47,5 % maximum du plafond. En 2017, les six candidats qui n'ont pas atteint les 5 % au premier tour ont reçu entre 0,2 et 0,8 million d'euros, les trois candidats qui ont eu plus de 5 %, entre 2 et 7,9 millions, Marine Le Pen et Emmanuel Macron présents au second tour, 10,6 millions chacun. Le remboursement ne peut pas dépasser les dépenses déclarées par le candidat. On ne s'enrichit pas en se présentant à l'élection, on peut même se ruiner ! (Source : *ibid*).

Comment le président est-il élu ?

Par tous les citoyens

Depuis la réforme constitutionnelle de 1962, le président est élu au suffrage universel direct. Au premier tour est élu le candidat qui obtient 50 % des voix plus une. Ce qui n'est jamais arrivé du fait du nombre important de candidats. On procède alors à un second tour qui oppose les deux candidats arrivés en tête. Celui qui obtient le plus grand nombre de voix est élu. La première élection présidentielle au suffrage universel direct a eu lieu en décembre 1965.

Une innovation capitale

Avant la réforme de 1962, le président était élu par un collège de 81 000 grands électeurs (parlementaires, conseillers municipaux, généraux...). Cette réforme voulue par le général de Gaulle a été acceptée par les Français par référendum (62 % de oui). Elle donne au président une forte légitimité. Il n'est plus seulement l'élu des parlementaires ou de grands électeurs. C'est l'élu de la nation. Elle consacre la prééminence présidentielle. Jusque-là arbitre, le président devient chef de majorité politique.
Depuis, l'élection présidentielle est l'élection phare de la vie politique. C'est un rendez-vous majeur pour les citoyens et les partis. Un parti sans « présidentiable » dans ses rangs n'est guère écouté dans le débat politique.

"And the winner is..."

››› – Le meilleur score au premier tour
En 1965, le général de Gaulle avec 44,6 % des voix.
– Le meilleur score au second tour
En 2002, Jacques Chirac (82,2 % des voix) face à Jean-Marie Le Pen (17,7 %).
– Le score le plus serré
En 1974, Valéry Giscard d'Estaing ne l'emporte qu'avec 400000 voix d'avance sur François Mitterrand (sur 26,7 millions de votants).

Plusieurs fois candidat ?

››› C'est possible. Le record est détenu par Arlette Laguiller. Première femme candidate en 1974, elle s'est présentée à six élections. Jean-Marie Le Pen a été cinq fois candidat. François Bayrou l'a été trois fois, Dominique Voynet, Olivier Besancenot, Robert Hue, Philippe de Villiers, Jean-Luc Mélenchon, Marine Le Pen deux fois avant 2022… François Mitterrand et Jacques Chirac ont été élus à leur troisième candidature. En 2021, ils sont aussi les seuls présidents à avoir été réélus pour un second mandat. Le cas du général de Gaulle est particulier. Il a été élu deux fois, mais une seule au suffrage universel, en 1965.

Qui peut se présenter au second tour ?

››› Les deux candidats arrivés en tête au premier. Mais rien n'interdit au candidat arrivé en deuxième place de s'effacer au profit de celui arrivé troisième. Ce cas ne s'est jamais produit.

Quelle est la durée du mandat présidentiel ?

Cinq ans au lieu de sept

Cette durée, le quinquennat, a été adoptée par référendum en 2000. Elle s'est appliquée à partir de l'élection présidentielle de 2002. En 2008, une réforme constitutionnelle a établi qu'un président ne peut effectuer que deux mandats successifs. Un président ne peut donc rester en fonction que dix ans consécutifs maximum. Depuis la IIIe République, la durée du mandat présidentiel était de sept ans (septennat). Le quinquennat a donc rompu avec une tradition de plus d'un siècle.

Vingt-sept ans pour une réforme

La durée du mandat présidentiel a fait débat depuis les années 1970. Le président Pompidou avait déjà voulu la réduire à cinq ans en 1973, mais la réforme n'avait alors pas abouti. Quinquennat renouvelable, septennat unique, septennat renouvelable… ces formules avaient toutes leurs partisans. Si la préférence a finalement été au quinquennat en 2000, c'est, d'une part, pour rapprocher la durée du mandat présidentiel de celle des mandats des autres dirigeants des grands pays et, d'autre part, pour permettre aux citoyens de se prononcer à intervalles plus courts sur le choix du chef de l'État. Le quinquennat doit également empêcher les cohabitations.

Pour le quinquennat

››› Un mandat présidentiel de cinq ans permet de redonner plus souvent la parole aux électeurs afin qu'ils renouvellent, ou pas, leur confiance au président. En effet, ce dernier est doté d'importants pouvoirs et ne recourt qu'exceptionnellement au référendum dont il ne lie plus, après de Gaulle, le résultat à son maintien en fonction. Ses choix influaient directement sur la vie de la nation pendant sept années sans qu'il soit obligé de remettre en jeu son mandat.
Le quinquennat permet aussi d'éviter de nouvelles cohabitations. Le président est élu pour la même durée que les députés, et juste avant eux. Cette concordance de durée est un gage de cohérence. Le président a ainsi l'assurance de disposer d'une majorité à l'Assemblée nationale pour appliquer sa politique pendant tout son mandat.

Un argument en faveur du septennat

››› Le mandat présidentiel fixé à sept ans était supérieur à celui des députés. Il permettait au président de se tenir au-dessus du tumulte des débats politiques quotidiens, d'être « au-dessus de la mêlée ». Celui-ci pouvait alors jouer un rôle d'arbitre dans les grands débats nationaux, donner son avis et trancher les conflits sans y être directement impliqué.

Le saviez-vous ?

››› La cohabitation est la coexistence d'un président et d'une majorité de députés de tendances politiques opposées. Depuis 1958, cette situation s'est produite trois fois : en 1986-1988, en 1993-1995 et en 1997-2002.

Que se passe-t-il en cas de décès ou de démission ?

Un président par intérim

C'est le président du Sénat qui assure l'intérim. Dans l'attente de l'élection d'un nouveau président, il garantit la continuité de l'État. Il exerce temporairement la fonction présidentielle. La situation s'est présentée deux fois : en avril 1969, lors de la démission du général de Gaulle, et en avril 1974, à la mort du président Pompidou, Alain Poher assurant les deux intérims.

Si le président du Sénat est empêché, c'est-à-dire s'il ne peut assurer l'intérim, c'est le gouvernement qui l'effectue à sa place.

Qui a des pouvoirs réduits

Le président par intérim ne dispose pas de tous les pouvoirs d'un président élu. Il ne peut pas dissoudre l'Assemblée nationale, ni proposer un référendum, ni engager une révision de la Constitution. Il laisse le gouvernement gérer les affaires courantes. Il doit veiller à la bonne organisation de la campagne électorale présidentielle. La nouvelle élection intervient trente-cinq jours au plus après le début de la vacance de la présidence. Il n'exerce donc qu'une partie du pouvoir présidentiel et ce pendant une très courte période. Il peut être candidat à l'élection présidentielle. Ce fut le cas d'Alain Poher en 1969, mais il a échoué face à Georges Pompidou.

L’intérim sous les Républiques précédentes

››› Sous la IIe République, l’intérim était confié à un vice-président, sous la IIIe République, au Conseil des ministres, et sous la IVe République, au président de l’Assemblée nationale. Le choix de confier l’intérim au président du Sénat en 1958 est une innovation. Il s’explique par le fait que le Sénat ne pouvant pas être dissous, il est donc certain d’avoir un président en exercice. La continuité de l’État est alors assurée. Ce n’est pas le cas avec l’Assemblée nationale qui peut être dissoute.

Si le président du Sénat est empêché et le gouvernement aussi ?

››› Cela témoigne d’une situation très grave, comme une guerre. Dans ce cas, le Code de la défense précise : « Dans le cas d’événements interrompant le fonctionnement régulier des pouvoirs publics et entraînant la vacance simultanée de la présidence de la République, de la présidence du Sénat et des fonctions de Premier ministre, la responsabilité et les pouvoirs de défense sont automatiquement et successivement dévolus au ministre de la Défense et, à défaut, aux autres ministres dans l’ordre indiqué par le décret portant composition du gouvernement » (art. L. 1111-4).

Le saviez-vous ?

››› Sur les vingt-cinq présidents de la République depuis 1848, onze ont démissionné ou sont décédés en cours de mandat.

Pourquoi parle-t-on d'« irresponsabilité politique » du président ?

Un héritage des Républiques précédentes

Avant 1958, le président ne dirige pas la politique de la nation, c'est le rôle du gouvernement. Il est « irresponsable » et tous ses actes sont contresignés par un ministre. C'est le gouvernement qui est responsable de la politique suivie et lui seul peut être désavoué par les députés. Le président ne peut être mis en cause et jugé que pour « haute trahison », notion qui n'a jamais été clairement définie.

Repris par la Ve République

L'irresponsabilité politique du président est confirmée en 1958. Pourtant, celui-ci est devenu le principal acteur de la vie politique. Il a des pouvoirs propres, c'est-à-dire qu'il peut prendre des décisions importantes sans l'accord et la signature (contreseing) du gouvernement. Ainsi, il décide seul du choix du Premier ministre ou de la dissolution de l'Assemblée nationale. Cette irresponsabilité est donc en décalage avec la position reconnue au président dans les institutions (la clef de voûte). Elle n'est cependant plus totale depuis la révision constitutionnelle du 23 février 2007 sur le statut du président qui a introduit la procédure de destitution.

Un seul responsable : le général de Gaulle ?

Irresponsable, le fondateur de la Ve République n'entendait pas l'être. Il demandait aux Français de ratifier ses choix importants par référendum. En cas de victoire du non, estimant avoir perdu la confiance de la nation, sa décision de quitter le pouvoir était annoncée. Ce qu'il fit en 1969. Ses successeurs n'ont pas continué cette pratique. La Constitution ne les y oblige pas. Aucun n'a lié son maintien au pouvoir au résultat d'un référendum qu'il avait décidé. Jacques Chirac, désavoué en 2005 au référendum sur le traité constitutionnel européen organisé à son initiative, a regretté le résultat, tout en restant au pouvoir.

Une seule séquence de responsabilité

Il s'agit de l'élection présidentielle quand le président en exercice décide de se représenter pour un nouveau mandat. Il peut être réélu ou battu. Mais le président ne pouvant désormais exercer que deux mandats successifs, ce moment de responsabilité n'intervient qu'une fois : à la fin du premier mandat.

De nouvelles règles depuis 2007

Elles sont contenues dans la loi constitutionnelle du 23 février 2007. C'est un pas vers la reconnaissance d'une responsabilité politique du président. Ce dernier peut désormais être destitué par le Parlement réuni en Haute Cour, si son comportement porte atteinte à la fonction présidentielle.

Quelle responsabilité pénale, civile et administrative ?

Un président protégé

Il n'est pas responsable des actes qu'il accomplit en qualité de président de la République. Comme les parlementaires, il bénéficie d'une immunité pour les actions entreprises dans l'exercice de son mandat. On ne peut pas lui reprocher une prise de décision. Le faire serait lui enlever tout pouvoir politique et le réduire à l'impuissance. Cette protection est nécessaire car le président, élu par le peuple, est garant de la continuité de l'État. Il ne peut pas être « empêché ». Cette immunité est totale pendant et après son mandat, jusqu'à la fin de ses jours, sauf en cas de manquement incompatible avec l'exercice de sa fonction (destitution).

Un président inviolable

Pour tous les autres actes qui ne sont pas liés à sa fonction et qui pourraient lui être reprochés par la justice, le président jouit d'un statut spécial. La révision de la Constitution de février 2007 le protège temporairement. Pendant la durée de son mandat, il est inviolable, c'est-à-dire qu'il ne peut pas être poursuivi, ni obligé de témoigner devant un tribunal. Cette protection, qui le distingue d'un citoyen ordinaire, ne dure qu'un temps. Elle cesse un mois après la fin de ses fonctions. Toute action à son encontre pour des faits commis avant ou pendant son mandat peut alors être jugée.

Quelques exemples pour mieux comprendre

››› Un président qui, lors d'un discours, met en cause un adversaire politique ou décide de faire voter une loi impopulaire ne peut pas être traduit devant les tribunaux, même quand il n'est plus en place. Le même président qui, avant son mandat, ou pendant, a commis une grave infraction au Code de la route ne pourra être convoqué par le juge qu'un mois après la fin de ses fonctions. Il est redevenu alors un justiciable ordinaire.

Un président au-dessus des lois?

››› Non, il est d'abord tenu de respecter la Constitution, qui est la loi suprême et dont il est le gardien. Responsable d'un délit très grave, même difficile à imaginer comme un vol ou pire un crime, il peut être destitué de sa fonction par la Haute Cour, puis jugé comme tout citoyen. Il aura, dans ces derniers cas, « manqué à ses devoirs » et porté atteinte à sa fonction.

Il peut aussi, pour des faits accomplis dans le cadre de ses fonctions, être poursuivi devant la Cour pénale internationale pour crimes contre l'humanité. Mais il est difficile d'imaginer un président de la République, élu au suffrage universel, devenir un dictateur sanguinaire ou un chef de guerre exterminateur!

La Cour pénale internationale (CPI)

››› Créée en 2002, située à La Haye (Pays-Bas), la CPI est chargée de juger les individus coupables de crimes de guerre, de crimes contre l'humanité, de génocide.

›››››››››

Le président peut-il être destitué ?

Oui, c'est une nouveauté

La possibilité de destitution apparaît avec la réforme constitutionnelle de février 2007. C'est une contrepartie à la protection accordée au président pendant la durée de son mandat qui a pour but de protéger la fonction présidentielle. Le président « ne peut être destitué qu'en cas de manquement à ses devoirs manifestement incompatible avec l'exercice de son mandat ». La procédure de destitution peut porter sur son comportement politique ou privé. C'est une sanction politique, et non pénale, du président.

C'est une procédure très encadrée

Elle nécessite la réunion du Parlement en Haute Cour. Déclenchée à l'initiative de l'Assemblée nationale ou du Sénat à la majorité des deux tiers, la proposition de réunion doit être adoptée dans les mêmes conditions par la seconde assemblée. La destitution du président est acquise si deux tiers des membres de la Haute Cour le décident. Elle est aussitôt effective et nécessite l'organisation d'une élection présidentielle. Cette procédure est une étape vers une reconnaissance de la responsabilité politique du président. Elle est très encadrée afin d'interdire toute manœuvre politique du Parlement contre lui. Pendant la durée de la procédure, le président continue d'exercer ses fonctions.

Une mise en œuvre hypothétique

››› Pour plusieurs raisons. D'abord le motif, qui reste peu précis. Sauf cas extrêmes (un président coupable de meurtre ou de viol, ou tombant dans le grand banditisme), comment définir la notion de « manquement incompatible » avec l'exercice du mandat présidentiel ? Elle est aussi floue que l'ancienne notion de « haute trahison » des Républiques précédentes. Ensuite, par l'exigence de réunir une majorité des deux tiers des membres de la Haute Cour, ce qui suppose un rapport de force politique dans chaque assemblée qui est rarement atteint. Un parti ou une coalition de partis détenant une telle majorité dans les deux chambres semble très improbable.

Un président surveillé par le Parlement ?

››› Même si le risque est minime, il existe. La décision de destitution est sans recours, et le motif du « manquement » est à l'appréciation des parlementaires. En cas de grave désaccord politique entre le président et les assemblées, le premier pourrait être placé sous le contrôle des secondes. On serait loin de l'esprit des institutions de la Ve République !

Le président destitué, de nouveau candidat ?

››› Rien ne l'interdit, sauf s'il effectue son second mandat. Le président s'estimant injustement sanctionné peut se présenter à l'élection présidentielle. Il fait alors du peuple le juge de sa destitution.

Le président a-t-il tous les pouvoirs ?

Non, la démocratie implique la séparation des pouvoirs

La distinction entre les pouvoirs exécutif (conduite de la politique nationale), législatif (vote des lois) et judiciaire (règlement des conflits) existe dans tous les régimes démocratiques. Mais la Ve République se caractérise par un pouvoir exécutif fort au sein duquel le président apparaît comme le personnage dominant. Ses prérogatives se répartissent entre deux catégories : des pouvoirs propres et des pouvoirs partagés.

Des pouvoirs propres

Le président peut les exercer sans la signature du Premier ministre ou des ministres concernés par la décision (on parle de contreseing). Ainsi, il peut nommer le Premier ministre, dissoudre l'Assemblée nationale, recourir au référendum, s'adresser au Congrès, saisir le Conseil constitutionnel et nommer trois de ses neuf membres dont son président. Comme chef des armées, il est le seul détenteur du « feu nucléaire ». En cas de péril national entraînant l'interruption du fonctionnement des pouvoirs publics, il dispose de pouvoirs de crise (article 16 de la Constitution).

Et des pouvoirs partagés

Ce sont les pouvoirs qui nécessitent un contreseing du Premier ministre ou des ministres. Parmi eux, on compte la nomination aux emplois civils et militaires de l'État (ex. : préfets) et celle des ministres, la signature des ordonnances et des décrets délibérés en Conseil des ministres, le droit de grâce.

L'article 16 : une exception à la séparation des pouvoirs ?

››› Tirant les leçons de la faiblesse de l'exécutif en 1940, le général de Gaulle a voulu que le président dispose de pouvoirs de crise. Si les institutions, l'indépendance de la nation ou l'intégrité du territoire sont menacées et le fonctionnement des pouvoirs publics interrompu, l'article 16 lui permet de concentrer les pouvoirs exécutif et législatif pour rétablir la situation. Cependant, l'Assemblée nationale ne peut être dissoute et la Constitution ne peut pas être révisée. Aucune durée maximale de mise en œuvre de ces pouvoirs n'est prévue. Mais, le Conseil constitutionnel peut au bout de trente jours, s'il est saisi, – il le fait obligatoirement après soixante jours – se prononcer par un avis public sur la prolongation de l'article 16. Cependant, cet avis ne lie pas le président.

Des pouvoirs propres sous influence ?

››› Certains pouvoirs propres dépendent du contexte politique. Ainsi la liberté de choix du Premier ministre peut devenir très théorique lorsque la majorité à l'Assemblée nationale n'est pas issue du même camp politique. Le président ne peut soumettre une question à référendum que sur proposition du gouvernement ou des deux assemblées. Son pouvoir de nomination au Conseil constitutionnel ne peut s'exercer en cas d'avis négatif des parlementaires consultés sur ses choix.

Le saviez-vous ?

››› L'article 16 a été utilisé une seule fois, du 23 avril au 29 septembre 1961 après le putsch des généraux en Algérie. Ce putsch ayant très rapidement échoué, cette durée a été très critiquée.

Le président, un « monarque républicain » ?

Une expression imagée mais excessive

On la doit au juriste Maurice Duverger. Souvent reprise, elle renvoie aux critiques sur l'exercice, jugé solitaire, du pouvoir par le général de Gaulle et ses successeurs. Ces derniers ont d'ailleurs étendu un peu plus l'autorité présidentielle. Mais le président peut être mis en échec par l'Assemblée nationale si elle renverse le gouvernement.

Une position liée à la majorité parlementaire

Le président peut imposer son autorité au gouvernement dans la conduite des affaires. Mais le rapport de force change très largement au profit du Premier ministre lorsque la majorité à l'Assemblée nationale est d'un camp politique opposé (cohabitation).

Un « arbitraire » présidentiel limité depuis 2008

La révision constitutionnelle de juillet 2008 a encadré certaines prérogatives du président. Ainsi, pour des nominations importantes (Conseil constitutionnel, CSA...), l'avis des commissions permanentes compétentes de chaque assemblée est obligatoire et elles peuvent contester le choix du président. En cas d'intervention des forces armées à l'extérieur, le Parlement doit donner son autorisation pour la prolongation de la mission au-delà de quatre mois. Enfin, le Conseil constitutionnel donne son avis sur la durée d'application des pouvoirs de crise.

Le droit de grâce, comme les rois

››› C'est un pouvoir hérité de la monarchie absolue. Jusqu'à la révision constitutionnelle du 23 juillet 2008, le président avait un droit de grâce individuel et collectif (pour un groupe d'individus en même temps). Il pouvait dispenser totalement ou partiellement les condamnés de leurs peines, ou encore commuer une sanction en une autre plus modérée. C'était le cas des mesures de grâce traditionnelles du 14 Juillet ou celles intervenant au commencement du mandat. Désormais, ce droit de grâce ne s'exerce qu'à titre individuel.

Un président d'Ancien Régime ?

››› Le président a hérité certaines attributions des souverains de l'Ancien Régime : accréditation des ambassadeurs, droit de grâce. Il est par ailleurs le grand maître des ordres nationaux – Légion d'honneur, Médaille militaire, Ordre national du Mérite – et le protecteur de l'Institut de France et des cinq Académies qui le composent. Il est aussi coprince d'Andorre et chanoine de la basilique Saint-Jean-de-Latran à Rome.

Le saviez-vous ?

››› Lorsque le général de Gaulle était à l'Élysée, le journaliste Roger Fressoz tenait chaque semaine dans *Le Canard enchaîné* une chronique intitulée « La Cour ». En pastichant le duc de Saint-Simon, auteur de *Mémoires* à la cour de Louis XIV, il commentait l'action du chef de l'État. Il rebaptisa sa chronique « La Régence » en 1969, après l'élection du président Georges Pompidou.

Le président, une exception française ?

Une institution présente dans de très nombreux pays

Beaucoup d'États ont un président de la République. Son rôle y est différent selon qu'il s'agit d'un régime présidentiel ou parlementaire. Dans le premier cas, le président est aussi le chef du gouvernement et la séparation des pouvoirs est forte entre lui et le pouvoir législatif. Ainsi, il ne peut pas dissoudre l'assemblée, qui elle-même ne peut pas le renverser. Il en est ainsi aux États-Unis. Dans le second cas, le président a surtout une fonction honorifique. C'est le Premier ministre qui gouverne et qui est responsable devant les députés qui peuvent le renverser. C'est la situation de nombreux pays européens (Allemagne, Italie…).

Mais d'une nature très spécifique en France

La France, sous la Ve République, a la particularité d'avoir un président qui, en dehors des périodes de cohabitation, est le véritable chef de l'exécutif. Les relations avec l'Assemblée nationale sont très particulières. En effet, il peut la dissoudre, mais elle ne peut pas le renverser en retour. C'est le Premier ministre qui est responsable devant les députés. La Ve République est donc un régime hybride. Elle emprunte à la fois au régime présidentiel et au régime parlementaire.

Le président, seul ou accompagné dans les réunions internationales ?

››› Le Conseil européen réunit les chefs d'État ou de gouvernement des pays de l'Union européenne (UE), le président du Conseil européen et le président de la Commission européenne. Les États y sont tous représentés par le chef du gouvernement, sauf la France représentée par le président de la République (dans la République de Chypre, le président est aussi le chef du gouvernement). En période de cohabitation, le président et le Premier ministre participent tous les deux à ces Conseils européens, de même qu'aux sommets internationaux. Les conférences de presse se font alors ensemble. Il est impératif que la France continue de parler d'une seule voix pour éviter d'affaiblir sa position.

Combien de présidents dans l'Union européenne ?

››› L'Union compte six monarchies constitutionnelles depuis le Brexit. Dans les vingt-et-un autres États, on trouve un président de la République. Dans treize d'entre eux, il est élu au suffrage universel direct, c'est-à-dire par les citoyens ayant le droit de vote. Dans les autres pays, l'élection a lieu au suffrage indirect *via* un collège électoral. La durée du mandat est de cinq ans dans quinze pays. C'est en Irlande et en Italie que le mandat est le plus long (sept ans) et en Lettonie qu'il est le plus court (quatre ans).

La Ve République, un système « bâtard » mais souple

››› « Notre système, précisément parce qu'il est bâtard, est peut-être plus souple qu'un système logique : les corniauds sont souvent plus intelligents que les chiens de pure race ! » (Georges Pompidou, *Le nœud gordien*, 1974).

Du président « arbitre » au président « capitaine » ?

« Arbitre », quelle signification ?

Le mot « arbitrage » est dans la Constitution. Mais à ceux qui voyaient dans le président un arbitre surveillant le bon déroulement d'un match, le général de Gaulle a opposé une tout autre conception. Pour lui, le chef de l'État est le « guide de la France ». Il détient le pouvoir de décision au sein de l'exécutif.

Une présidentialisation…

Le général de Gaulle a affirmé avec une force inégalée la prééminence de ses pouvoirs. Aucun domaine ne devait être étranger à son autorité et toute autorité procédait de la sienne. Mais dans l'exercice de sa charge, il a été moins interventionniste que ses successeurs.

… qui n'a cessé de s'accentuer

Après lui, l'accroissement des pouvoirs dans la pratique présidentielle a été continu. L'instauration en 2000 du quinquennat a fait précéder de quelques semaines l'élection des députés par celle du président. Elle a renforcé la position du président au sein de l'exécutif et à la tête de la majorité présidentielle. Cette conception de la prééminence de la fonction présidentielle n'a pas été remise en cause depuis par les présidents successifs.

Le discours de Bayeux… et Léon Blum

››› Dans son discours de Bayeux, le 16 juin 1946, le général de Gaulle ne prévoyait qu'une élection du chef de l'État au suffrage indirect, c'est-à-dire par un collège électoral. Mais Léon Blum écrivit, dans le journal *Le Populaire* le 21 juin 1946, que de Gaulle concevant le président comme « le chef effectif du gouvernement et de l'administration », « la conclusion logique du système » était de « remettre l'élection du chef de l'exécutif au suffrage universel ». La modification de la Constitution en octobre 1962 a montré la pertinence de son analyse.

Le domaine réservé, de quoi est-il question ?

››› Jacques Chaban-Delmas a utilisé cette expression en 1959 pour « sanctuariser » une grande liberté d'action du président dans les domaines de la défense et des affaires étrangères. Elle a connu une longue fortune mais de Gaulle l'a récusée. Il refusait que son autorité soit hiérarchisée selon les domaines.

Le droit d'intervention du président devant le Congrès

››› Jusqu'à la révision de 2008, le président ne pouvait adresser à l'Assemblée nationale ou au Sénat que des messages lus en son nom. Désormais, il peut se présenter devant les deux assemblées réunies en Congrès à Versailles. Cette disposition est de nature à manifester davantage la subordination du Premier ministre. Mais elle peut être aussi l'occasion de donner un maximum de solennité à la parole présidentielle dans des circonstances tragiques (ex. : discours au Congrès de François Hollande après les attentats de 2015) ou plus « classiques » (ex. : Emmanuel Macron en 2017 et 2018).

Quels sont les pouvoirs de nomination du président ?

Des pouvoirs de nomination étendus concernant le gouvernement…

Le président nomme le Premier ministre. Sur proposition de ce dernier, il nomme tous les autres ministres et met fin à leurs fonctions. Si donc, en théorie, le Premier ministre choisit les membres de son gouvernement, en réalité l'immense majorité d'entre eux sont désignés par le président et aucun ne peut lui être imposé.

… et la haute administration

La Constitution précise les emplois civils et militaires dont les titulaires sont nommés par le Conseil des ministres présidé par le chef de l'État : conseillers d'État, ambassadeurs, conseillers maîtres à la Cour des comptes, préfets, représentants de l'État dans les collectivités d'outre-mer, officiers généraux, recteurs, directeurs des administrations centrales…

Mais désormais davantage encadrés par la Constitution

Depuis la révision constitutionnelle de 2008, les nominations du président aux emplois civils et militaires sont examinées par les commissions permanentes compétentes des deux assemblées. Leurs membres peuvent, à une majorité des trois cinquièmes, s'opposer à un choix présidentiel.

L'annonce de la composition des gouvernements

››› C'est le Secrétaire général de la présidence de la République, et non le Premier ministre, qui annonce officiellement sur le perron de l'Élysée la composition d'un nouveau gouvernement. Cela symbolise bien le fait que les ministres sont en réalité choisis par le chef de l'État.

Des nominations au Conseil constitutionnel sous contrôle ?

››› Le pouvoir de nomination du président de la République au Conseil constitutionnel est un pouvoir propre. Il est donc dispensé de contreseing, c'est-à-dire de la signature du Premier ministre ou des ministres. Il continue également de s'exercer pleinement en période de cohabitation. Pourtant, depuis la révision de juillet 2008, même ces nominations pourraient être mises en échec par le vote des commissions compétentes du Sénat et de l'Assemblée à la majorité des trois cinquièmes de leurs membres.

Le saviez-vous ?

››› Un décret du 6 août 1985 a fortement allongé la liste des emplois dont les titulaires sont nommés en Conseil des ministres. Il s'agit d'emplois de direction dans les établissements publics, les entreprises publiques et les sociétés nationales. Intervenant quelques mois avant les élections de mars 1986, ce décret augmentait ainsi le contrôle du président sur le gouvernement, juste avant la première cohabitation.

›››››››››

Quelles sont les relations du président avec le gouvernement ?

Le gouvernement n'est pas responsable devant le président

Il ne l'est que devant l'Assemblée nationale qui seule peut le renverser. Bien qu'il les nomme, le président ne peut révoquer ni son Premier ministre ni son gouvernement. Lorsqu'il veut changer de Premier ministre, il doit alors lui demander de présenter la démission du gouvernement. Le Premier ministre n'y est pas juridiquement obligé, mais il ne peut qu'obtempérer, à l'exception des périodes de cohabitation.

Le chef de l'État préside le Conseil des ministres

Il préside le Conseil et décide de son ordre du jour avec le Premier ministre. Par ses délibérations, le Conseil des ministres permet de coordonner l'action du gouvernement et de conseiller le président. Mais ce dernier n'est pas obligé de suivre les avis exprimés. Il signe les décrets et ordonnances qui y sont présentés, ce qui lui confère un pouvoir certain.

Et fixe au gouvernement les grandes orientations

Lorsque le président et le Parlement sont issus du même camp politique, le rôle du président est prédominant et le Premier ministre met en œuvre le programme présidentiel. En cohabitation, le Premier ministre retrouve pleinement ses prérogatives et le président ne conserve un rôle important qu'en matière de politique étrangère et de défense.

La signature des ordonnances par le président, une obligation ?

››› Le président signe les ordonnances, c'est-à-dire des textes portant sur des mesures relevant normalement du domaine de la loi. Le Parlement peut autoriser cette procédure pour permettre au gouvernement d'agir rapidement. En 1986, pendant la première cohabitation, François Mitterrand a refusé de signer des ordonnances. La question de savoir si le président avait compétence liée, autrement dit s'il était obligé de signer les ordonnances, a divisé les juristes.

Le Conseil des ministres, une institution très française

››› Il se réunit une fois par semaine, le plus souvent le mercredi, à l'Élysée. Le Conseil des ministres est la seule formation gouvernementale définie par la Constitution. C'est une institution spécifiquement française. On ne la retrouve pas dans la plupart des autres démocraties, où le chef de l'État est simplement tenu au courant des débats du gouvernement. Le Conseil s'organise traditionnellement en trois parties : présentation des projets de lois et de décrets, mesures individuelles (nominations des hauts fonctionnaires), communications de ministres. Le président Sarkozy avait introduit une discussion libre sur un point particulier d'actualité en fin de Conseil. À l'inverse des parties précédentes, elle n'était pas signalée dans le compte rendu rédigé par le Secrétaire général du Gouvernement.

Le saviez-vous ?

››› En mai 1972, le Premier ministre Jacques Chaban-Delmas obtint un vote de confiance massif de l'Assemblée nationale à son gouvernement. Deux mois plus tard, en désaccord avec Pompidou, il dut présenter sa démission.

Le président est-il le chef de l'exécutif ?

Ce que dit la Constitution

D'après elle, « Le gouvernement détermine et conduit la politique de la nation. Il dispose de l'administration et de la force armée » (article 20) et « Le Premier ministre dirige l'action du gouvernement » (article 21). Mais les articles concernant le chef de l'État lui donnent une position prééminente par rapport au Premier ministre dans ses rapports avec le peuple (il peut le consulter par référendum), le gouvernement (il nomme le Premier ministre et préside le Conseil des ministres), le Parlement (il peut dissoudre l'Assemblée nationale). Il est aussi le « chef des armées » et il « négocie et ratifie les traités ».

Ce que montre l'exercice de la fonction présidentielle

La Constitution manifeste donc une certaine ambiguïté sur les pouvoirs respectifs du président et du Premier ministre. Mais l'exercice du pouvoir à partir de 1959 a créé une véritable « coutume » constitutionnelle. Le président est toujours apparu comme le chef de l'exécutif, fixant les grandes orientations, prenant les décisions essentielles. Dans tous les domaines, tout choix majeur est susceptible de relever de lui. Dans ses rapports avec le Premier ministre, il a constamment fait prévaloir son autorité.

Le point de vue du général de Gaulle

››› De Gaulle a longuement exposé sa conception de l'exécutif lors de sa conférence de presse du 31 janvier 1964 : « [...] on ne saurait accepter qu'une dyarchie existât au sommet. Mais, justement, il n'en est rien. En effet, le président, qui, suivant notre Constitution, est l'homme de la nation, mis en place par elle-même pour répondre de son destin ; le président, qui choisit le Premier ministre, qui le nomme ainsi que les autres membres du gouvernement, qui a la faculté de le changer [...] ; le président est évidemment seul à détenir et à déléguer l'autorité de l'État. Mais, précisément, la nature, l'étendue, la durée de sa tâche impliquent qu'il ne soit pas absorbé, sans relâche et sans limite, par la conjoncture, politique, parlementaire, économique et administrative. Au contraire, c'est là le lot, aussi complexe et méritoire qu'essentiel, du Premier ministre français ».

Une ambiguïté impossible à modifier ?

››› Le Comité, présidé par Édouard Balladur et dont les travaux ont inspiré la révision de la Constitution de juillet 2008, avait pensé modifier les articles 20 et 21. Il s'agissait de les rendre plus conformes à la pratique de la Ve République. Ils sont cependant finalement restés sans changement.

Le saviez-vous ?

››› Jacques Chirac a été le seul Premier ministre de la Ve République à présenter de son propre chef sa démission en 1976. Il était en désaccord avec le président Valéry Giscard d'Estaing.

Les cohabitations, un président amoindri ?

Le président n'est plus le chef de l'exécutif

Lors de la cohabitation entre un président et une Assemblée nationale opposés politiquement, le Premier ministre devient l'unique chef de l'exécutif. Le président le désigne toujours mais sa liberté de choix est très contrainte. En effet, il doit le nommer parmi les rangs de la nouvelle majorité de l'Assemblée nationale. Il ne peut plus choisir librement les autres membres du gouvernement. De même, il ne peut plus renvoyer le Premier ministre en lui demandant sa démission. Celui-ci n'est responsable que devant l'Assemblée nationale, et non plus aussi devant le chef de l'État, conformément à la pratique des institutions.

Mais il conserve un rôle majeur

Le président conserve des pouvoirs importants. Il peut dissoudre l'Assemblée nationale et garde un rôle prépondérant s'agissant des relations internationales et de la défense. Depuis la première cohabitation (1986-1988), la nomination des ministres responsables de ces deux postes s'effectue d'ailleurs en concertation avec le Premier ministre. Le président préside toujours le Conseil des ministres et signe les ordonnances et les décrets. En 1986, le président Mitterrand a refusé de signer des ordonnances.

Trois cohabitations

››› Les deux premières cohabitations ont eu lieu durant les septennats de François Mitterrand. La première a duré deux ans (mars 1986-mai 1988), Jacques Chirac était Premier ministre. La deuxième a elle aussi duré deux ans (mars 1993-mai 1995), Édouard Balladur était Premier ministre. La troisième cohabitation s'est déroulée pendant le premier mandat présidentiel de Jacques Chirac. Sa durée a été de cinq ans (juin 1997-mai 2002), Lionel Jospin était Premier ministre.

Comment prévenir de nouvelles cohabitations ?

››› L'instauration du quinquennat en 2000 avait surtout pour but d'éviter à l'avenir les situations de cohabitation en faisant coïncider la durée du mandat présidentiel et celle du mandat des députés. La loi organique du 15 mai 2001 a fait en sorte que l'élection présidentielle précède les législatives. Le déroulement, à quelques semaines d'intervalle, de l'élection présidentielle puis de l'Assemblée nationale favorise un vote des électeurs en faveur du même camp politique. Ce n'est toutefois pas une garantie absolue contre la cohabitation. Ainsi, en cas d'interruption du mandat présidentiel, le déroulement quasi simultané des deux élections serait remis en cause et une cohabitation à nouveau possible.

Le saviez-vous ?

››› Le premier président de la République à expérimenter la formule de la cohabitation a failli être le général de Gaulle. Lors des élections législatives de mars 1967, la majorité présidentielle ne l'emporta que d'un seul siège (244 sièges sur 487).

Quels sont les rapports entre le président et le Parlement ?

Un président au rôle limité...

Les relations du chef de l'État avec le Parlement sont limitées mais loin d'être inexistantes. Cette situation résulte du fait que c'est le Premier ministre qui est responsable devant les assemblées et non le chef de l'État. Ainsi, le président peut adresser des messages aux assemblées et, depuis la révision de la Constitution de 2008, prendre la parole devant le Parlement réuni en Congrès (réunion de l'Assemblée et du Sénat). Il signe les décrets d'ouverture et de clôture des sessions extraordinaires du Parlement. Enfin, il peut demander une nouvelle délibération sur une loi avant de la promulguer.

... sauf dans quelques cas particuliers

En situation de crise, le Parlement est dessaisi de son pouvoir législatif au profit du président (article 16). Toutefois, depuis la révision de 2008, les parlementaires ont un droit de regard sur la durée d'application de ces dispositions avec la possibilité de saisir le Conseil constitutionnel.

Mais le président dispose surtout de l'« arme absolue » qu'est la dissolution de l'Assemblée nationale.

Un Parlement qui peut le destituer

Depuis la révision de février 2007, le Parlement constitué en Haute Cour peut destituer le président en cas de « manquement à ses devoirs manifestement incompatible avec l'exercice de son mandat ».

Le droit de parole : une rupture de la tradition ?

››› Depuis la IIIe République, le président ne pouvait pas se présenter physiquement dans les hémicycles du Sénat et de l'Assemblée nationale. Mais depuis 2008, il est autorisé à prendre la parole devant le Congrès, réunion des deux assemblées à Versailles. Cette conception, héritée de la loi du 13 mars 1873, matérialisait la volonté d'écarter le président Adolphe Thiers qui intervenait alors fréquemment devant l'Assemblée. À partir de là, le chef de l'État ne put qu'adresser des messages lus aux parlementaires en son nom.

Les sessions extraordinaires ou le libre choix du président

››› Le président ouvre et clôture ces sessions par décret. Mais l'initiative en revient au Premier ministre ou à la majorité des députés. Le chef de l'État n'est cependant pas obligé d'accéder à la demande qui lui est faite. Le général de Gaulle avait tranché en ce sens dès mars 1960. Saisi par 287 députés, il leur opposa une fin de non-recevoir. Cette arme est aussi redoutable en cohabitation. Ainsi, François Mitterrand refusa en 1987 de convoquer le Parlement qui devait examiner un projet de loi modifiant le statut de la régie Renault encore nationalisée.

Combien de nouvelles délibérations ?

››› Le président de la République a demandé trois fois une nouvelle délibération sur un texte avant de le promulguer : en 1983, à propos du projet d'exposition universelle à Paris de 1989 ; en 1985, au sujet de la Nouvelle-Calédonie ; et en février 2003, pour la réforme des modes de scrutin aux élections régionales et européennes.

La dissolution, une arme présidentielle ?

Il est le seul à pouvoir l'utiliser

Le président peut prononcer la dissolution uniquement de l'Assemblée nationale. Pour cela, il doit consulter le Premier ministre et les présidents des deux assemblées, mais il n'est pas obligé de tenir compte de leurs avis. Les élections ont alors lieu vingt à quarante jours après la dissolution. Toutefois, la dissolution de l'Assemblée est impossible dans trois cas : dans l'année qui suit une première dissolution, lorsque les pouvoirs de crise de l'article 16 sont appliqués et pendant les périodes d'intérim de la présidence.

Une arme pour résoudre des crises

La dissolution permet au président de résoudre une crise ou un blocage institutionnel en cours ou à venir. C'est un pouvoir d'arbitrage. Cela a été par exemple le cas du général de Gaulle en 1968, pour mettre fin au fort mouvement social qui perturbait le fonctionnement des institutions, ou de François Mitterrand, en 1981 et 1988, pour mettre en cohérence la majorité présidentielle nouvelle et celle des députés. La dissolution décidée en 1997 par Jacques Chirac est en revanche une exception. Elle n'a pas mis fin à une crise et le président disposait d'une majorité à l'Assemblée favorable à son camp politique. Certains ont pu parler de dissolution opportuniste, « à l'anglaise ».

Pouvait-on dissoudre l'Assemblée avant 1958 ?

››› Avant 1958, la dissolution n'avait pas bonne presse. Sous la IIIe République, le président pouvait dissoudre la Chambre des députés (nom de l'Assemblée nationale à l'époque) mais seulement avec l'accord du Sénat. Du fait de son usage, jugé abusif, par le maréchal de Mac Mahon, monarchiste, contre une Chambre républicaine en juin 1877, la dissolution fut alors considérée comme portant atteinte à la souveraineté nationale dont les députés sont les représentants. Elle n'a donc plus été utilisée ensuite. La IVe République prévoyait la dissolution mais avec des conditions tellement restrictives qu'elle n'eut lieu qu'une fois, en 1955.

La dissolution de 1962 ou la prééminence du président

››› En 1962, le général de Gaulle lance la révision de la Constitution pour élire le président au suffrage universel. Cette réforme est contestée, tant sur le fond que sur la forme, dans les rangs mêmes de sa majorité. Dans la nuit du 4 au 5 octobre, une motion de censure est adoptée à la majorité absolue par les députés et renverse le gouvernement Pompidou. Le général de Gaulle réplique par la dissolution de l'Assemblée. Les élections législatives des 18 et 25 novembre sont un vrai succès pour lui : les gaullistes réunissent plus de 40 % des voix au second tour. De Gaulle rappelle Georges Pompidou comme Premier ministre.

Quatre succès pour un échec

››› Depuis 1958, cinq dissolutions ont eu lieu : en 1962, 1968, 1981, 1988 et 1997. Les quatre premières ont été une victoire pour le camp du président et la dernière s'est soldée par une défaite.

Pour quelles raisons le président peut-il organiser un référendum ?

Pour réviser la Constitution

Le président peut organiser un référendum pour faire adopter une révision constitutionnelle (article 89 de la Constitution). Cependant, deux cas de figure sont à distinguer. Si la révision est une proposition des parlementaires, elle doit obligatoirement être approuvée par référendum. Celui-ci est organisé après le vote, dans les mêmes termes, par l'Assemblée nationale et le Sénat, du texte de révision proposé. En revanche, si la révision est une initiative du chef de l'État, il a le choix entre consulter les électeurs ou réunir le Parlement en Congrès à Versailles pour la faire adopter. Jusqu'à aujourd'hui, seul le référendum sur le quinquennat, organisé en 2000, l'a été selon la procédure de l'article 89.

Pour faire adopter une loi

Le président peut aussi soumettre par référendum au peuple un projet de loi (article 11 de la Constitution). Le chef de l'État décide de sa tenue mais sur la proposition du gouvernement, des deux assemblées ou, depuis 2008, d'un cinquième des parlementaires soutenus par un dixième des électeurs inscrits. Le projet de loi doit obligatoirement porter sur l'organisation des pouvoirs publics, sur des réformes économiques, sociales ou environnementales et les services publics qui y participent, ou sur l'autorisation de ratifier un traité. Ces référendums organisés selon la procédure de l'article 11 ont été les plus nombreux (huit sur neuf).

Les référendums de la Vᵉ République

››› – 8 janvier 1961 : référendum pour valider la politique d'autodétermination en Algérie.
– 8 avril 1962 : référendum pour faire approuver les accords d'Évian mettant un terme à la guerre d'Algérie.
– 28 octobre 1962 : référendum sur l'élection du président au suffrage universel.
– 27 avril 1969 : référendum sur la régionalisation et la réforme du Sénat.
– 23 avril 1972 : référendum permettant de ratifier le traité d'élargissement de la Communauté économique européenne.
– 6 novembre 1988 : référendum pour adopter le nouveau statut de la Nouvelle-Calédonie.
– 20 septembre 1992 : référendum pour autoriser la ratification du traité de Maastricht.
– 24 septembre 2000 : référendum sur le quinquennat.
– 29 mai 2005 : référendum autorisant la ratification du traité établissant une Constitution pour l'Europe.

Le président doit-il démissionner lorsqu'il « perd » un référendum ?

››› C'est la lecture gaulliste des institutions. En effet, pour le général de Gaulle, convoquer un référendum, c'est poser une question de confiance au peuple. Si celui-ci répond par la négative, le président est désavoué et doit démissionner. C'est ce qu'a fait le général de Gaulle en 1969 lorsqu'il a « perdu » le référendum avec 52,4 % de non. Jacques Chirac n'a, quant à lui, pas eu la même lecture en 2005. En dépit de sa prise de position en faveur du oui, il est resté au pouvoir après avoir perdu le référendum avec 54,7 % de non.

›››››››

Quel est le rôle du président dans le domaine de la justice ?

Garant de l'indépendance de l'autorité judiciaire

Le président de la République garantit l'indépendance de l'autorité judiciaire. Pour cela, il est assisté par le Conseil supérieur de la magistrature (CSM). Réuni en formation dite « plénière », le CSM répond aux demandes d'avis du président dans ce domaine. Le CSM est également une instance de nomination et de discipline des magistrats judiciaires (magistrats du siège et du parquet). Depuis la révision de la Constitution de juillet 2008, le chef de l'État ne préside plus le CSM.

Nomme certains membres du CSM

Depuis 2008, le président désigne uniquement deux personnalités qualifiées sur les quinze membres que compte chacune des deux formations du CSM, celle pour les magistrats du siège (juge d'instruction, juge des enfants...) et celle pour les magistrats du parquet (procureur de la République, substitut du procureur...). Ces nominations sont soumises au vote des commissions compétentes du Sénat et de l'Assemblée nationale.

Dispose d'un droit de grâce

Le chef de l'État dispose d'un droit de grâce. Depuis la révision de la Constitution de 2008, la grâce ne peut être obtenue qu'à titre individuel et non plus collectivement, comme c'était le cas lors du 14 Juillet ou de l'élection d'un nouveau président.

Le CSM et le président : une longue histoire ?

››› Le CSM est apparu pour la première fois dans la loi du 30 août 1883 sur l'organisation judiciaire. En 1946, il devient un organe constitutionnel. Il est présidé par le chef de l'État et compte alors quatorze membres (président et garde des Sceaux compris). En 1958, ses membres sont réduits à onze. Le chef de l'État le préside (le garde des Sceaux est vice-président) et nomme neuf membres, soit directement, soit sur proposition du bureau de la Cour de cassation ou du Conseil d'État. Ce mode de désignation a été réformé en 1993, puis en 2008 dans le sens d'une plus grande indépendance. Le chef de l'État ne désigne plus que deux personnalités qualifiées sur les quinze membres de chaque formation du CSM (magistrats du siège et du parquet) et ne le préside plus.

En quoi consiste le « pardon présidentiel » ?

››› La grâce ou « pardon présidentiel » est une mesure individuelle qui dispense d'exécuter la peine mais qui n'efface pas la condamnation. En cela, elle se distingue d'une amnistie. Les recours en grâce sont adressés au président. Leur instruction est réalisée par le procureur de la République près le tribunal qui a prononcé la condamnation. Le décret en grâce est signé par le chef de l'État et contresigné par le Premier ministre et le garde des Sceaux.

Le saviez-vous ?

››› C'est le président Émile Loubet qui a gracié le capitaine Alfred Dreyfus, en 1899, accusé, à tort, de trahison.

Quels sont les rapports entre le président et le Conseil constitutionnel ?

Le président nomme trois de ses membres

Le chef de l'État désigne trois des neuf membres nommés du Conseil constitutionnel, dont son président. Ses nominations sont soumises au vote des commissions de l'Assemblée nationale et du Sénat compétentes pour ces questions. Celles-ci peuvent s'opposer aux choix du chef de l'État par trois cinquièmes des suffrages exprimés en leur sein. Par ailleurs, à l'issue de son mandat, le chef de l'État est également membre de droit et à vie du Conseil.

Des interactions diverses

Le président peut saisir le Conseil pour qu'il vérifie la conformité d'une loi à la Constitution. Il doit également le consulter quand il envisage de mettre en œuvre les pouvoirs de crise (article 16) et pendant leur exercice. Le Conseil, quant à lui, émet des avis sur les mesures prises pendant cette période, mais que le président n'est pas obligé de suivre. Il constate également à la majorité de ses membres l'éventuel empêchement du chef de l'État à exercer ses fonctions (ex. : maladie grave limitant ses facultés intellectuelles).

Le Conseil, juge de l'élection présidentielle

C'est lui qui proclame l'élection du chef de l'État. Il vérifie les résultats et traite les réclamations. Il juge également, en appel, les comptes de campagne des candidats précédemment examinés par la Commission nationale des comptes de campagne et des financements politiques.

Quels présidents de la République ont siégé au Conseil ?

››› Les anciens présidents de la République sont membres de droit et à vie du Conseil, en raison de leur expérience de gardiens de la Constitution. Ils sont toutefois dispensés de prêter serment devant le président qui leur a succédé, à la différence des autres membres du Conseil. Cette disposition a été introduite dans la Constitution en 1958 pour leur assurer une retraite digne.

Vincent Auriol et René Coty, les deux anciens présidents de la IVe République, y ont siégé. Valéry Giscard d'Estaing a participé aux travaux du Conseil constitutionnel de 2004 à son décès en 2020. Jacques Chirac et Nicolas Sarkozy ont choisi de ne plus y siéger, respectivement en mars 2011 et janvier 2013. François Hollande a choisi de ne pas y siéger.

Quel contrôle du Conseil sur les pouvoirs de crise ?

››› Depuis la révision de la Constitution en 2008, le Conseil constitutionnel encadre davantage la mise en œuvre des pouvoirs de crise du président. En plus d'être consulté sur le déclenchement de l'article 16 et sur les mesures prises, le Conseil peut être saisi, après trente jours d'exercice de ces pouvoirs, afin d'examiner si les conditions justifiant leur utilisation sont toujours réunies. Le président de l'Assemblée ou du Sénat, ou encore soixante députés ou sénateurs sont autorisés à le saisir. Au-delà de soixante jours, le Conseil peut s'autosaisir.

Le saviez-vous ?

››› Le Comité constitutionnel, ancêtre du Conseil sous la IVe République, était présidé par le chef de l'État.

Le président, le premier des diplomates?

La voix de la France

Dans la pratique, le chef de l'État est l'acteur majeur de la politique étrangère française. Le général de Gaulle a mis en place un mode de gouvernement que ses successeurs ont ensuite reproduit. La diplomatie constitue, avec la défense, le « domaine réservé » du président. Celui-ci est en relation directe avec les chefs d'État étrangers et assure la représentation de la France sur la scène internationale (Conseil européen, G20...).

Des attributions précises

Selon la Constitution, le président est le garant du respect des traités. Il les négocie et les ratifie. Il est également informé de toute négociation en vue d'un accord international qui ne nécessite pas une ratification. Il accrédite les ambassadeurs français à l'étranger et les ambassadeurs étrangers sont accrédités auprès de lui.

Un domaine « partagé » avec le Premier ministre?

Le gouvernement joue aussi un rôle dans ce domaine, puisqu'il détermine et conduit la politique de la nation. Mais si le Premier ministre peut effectuer des voyages officiels et s'exprimer au nom de la France, c'est toujours dans un cadre défini avec le chef de l'État. Cela se justifie particulièrement en cas de cohabitation entre un chef de l'État et un chef du gouvernement de bords politiques opposés.

L'Europe, une constante de la diplomatie présidentielle

››› De Gaulle, revenu au pouvoir en 1958, a mis en œuvre le traité de Rome, signé en 1957, qui crée la Communauté économique européenne. Valéry Giscard d'Estaing a contribué à la mise en place du système monétaire européen et des Conseils européens réunissant les chefs d'État et de gouvernement. François Mitterrand a poursuivi avec la réalisation du marché unique, la création par le traité de Maastricht de 1992 d'une citoyenneté européenne et le lancement de la monnaie unique. Jacques Chirac a mis en place l'euro et a œuvré en faveur d'une « Constitution européenne ». Les principales dispositions de ce texte ont été reprises, en 2007, dans le traité de Lisbonne défendu par Nicolas Sarkozy. Lors de la crise de 2015, François Hollande a joué un rôle essentiel de médiation pour éviter la sortie de la Grèce de la zone euro (« Grexit »). En juillet 2020, Emmanuel Macron a œuvré avec Angela Merkel en faveur d'un plan de relance européen d'envergure lors de la crise sanitaire de la Covid-19.

En cohabitation, que se passe-t-il ?

››› Lors des trois cohabitations (1986-1988, 1993-1995, 1997-2002), le président et le Premier ministre, opposés politiquement, ont défendu des positions communes pour que la France continue de s'exprimer d'une seule voix. Le Premier ministre participe dans ce cas aux Conseils européens et aux rencontres internationales, ainsi qu'aux conférences de presse.

D'où vient l'expression « domaine réservé » ?

››› Cette expression est due à Jacques Chaban-Delmas, en 1959, alors qu'il était président de l'Assemblée nationale.

Le président, un chef de guerre ?

Le traumatisme de 1940

Pour le général de Gaulle, la Constitution de 1958 devait donner à la France un exécutif fort. Pour cela, elle devait également garantir que le chef de l'État dispose, dans des moments cruciaux, contrairement à ce qui s'était passé au printemps 1940, d'une capacité d'action à la hauteur des enjeux. Le rôle dévolu au président en matière de défense participe de ce souci.

Un rôle majeur…

Le président est le garant de l'indépendance nationale et de l'intégrité du territoire (article 5 de la Constitution). « Chef des armées » (article 15), il préside également les différents conseils et comités supérieurs de la défense nationale qui définissent les orientations en matière de programmation militaire, de dissuasion, de conduite des opérations extérieures, de lutte contre le terrorisme. Enfin, il décide seul de l'emploi de la force nucléaire.

… mais qui peut être affaibli en cas de cohabitation

Si le président n'est plus soutenu par l'Assemblée nationale, ses décisions peuvent être mises en échec par le Parlement. Les attributions importantes du Premier ministre en matière de défense prennent alors tout leur sens. En effet, ce dernier est responsable de la Défense nationale et le gouvernement dispose de la force armée. Le président conserve néanmoins un pouvoir réel.

Le président peut-il déclarer la guerre sans l'accord du Parlement ?

››› Non, l'alinéa 1 de l'article 35 de la Constitution dispose que « La déclaration de guerre est autorisée par le Parlement ». Cette disposition n'a jamais donné lieu à application. Elle ne doit pas masquer le rôle essentiel du président en matière de défense qui est une des marques de la Constitution de la Ve République.

Qui décide des opérations extérieures (OPEX) ?

››› Elles sont décidées par le président. Mais, en période de cohabitation, le Premier ministre peut s'y opposer. Depuis la révision de la Constitution de juillet 2008, le gouvernement dispose de trois jours pour informer le Parlement d'une intervention extérieure ; au bout de quatre mois, ce dernier autorise ou non sa prolongation. Ainsi, l'opération militaire Serval (janvier 2013-juillet 2014) au Mali a été prolongée par le vote du Parlement en avril 2013, au bout de quatre mois. La Constitution n'impose pas d'autre autorisation ensuite. Serval s'est ainsi transformée en opération Barkhane au Sahel en août 2014. Emmanuel Macron a annoncé, en juin 2021, sa fin progressive.

La réforme des armées

››› Le président Jacques Chirac, compte tenu de la fin de la Guerre froide et des évolutions des besoins en matière de défense, a décidé en 1996 de suspendre le service militaire (février) et de ne pas remplacer les missiles balistiques du plateau d'Albion (Vaucluse). La dissuasion nucléaire ne compte plus que deux composantes, l'une océanique (quatre sous-marins nucléaires lanceurs d'engins), l'autre aérienne.

Comment le président peut-il déclencher le « feu nucléaire » ?

Depuis un poste de commandement (PC)

Le PC « Jupiter » est le poste de commandement à partir duquel le président donnerait l'ordre de mise à feu. Il est installé à l'Élysée. Lorsqu'il se déplace à l'étranger, le président dispose d'un PC léger et mobile. Il peut ainsi déclencher le « feu nucléaire » à partir de n'importe quel endroit du monde. Lors de la passation de pouvoirs, le président transmet à son successeur les codes pour la mise à feu.

Seul le président peut donner l'ordre

L'ordre d'engagement des forces nucléaires peut être donné uniquement par le chef de l'État qui est le chef des armées et le président du Conseil de défense et de sécurité nationale. C'est pourquoi on parle parfois de « monarchie nucléaire ». Le Premier ministre doit s'assurer que le président dispose en toutes circonstances des moyens de donner cet ordre. Le chef d'état-major des armées contrôle son exécution. Enfin, seul le chef de l'État peut donner l'ordre de procéder à des essais nucléaires.

Dissuader pour éviter la guerre

Cette situation est le fruit de la politique de dissuasion nucléaire développée par le général de Gaulle et reprise par ses successeurs. Il s'agit de disposer d'une force de frappe nucléaire suffisamment forte pour dissuader un ennemi potentiel d'attaquer la France. La loi de programmation militaire 2019-2025 prévoit 37 milliards d'euros pour l'arsenal nucléaire français.

La force de dissuasion en quelques dates

››› – 18 octobre 1945 : création du Commissariat à l'énergie atomique chargé de mener les recherches pour des applications civiles et militaires du nucléaire.

– 1954 : lancement du programme militaire nucléaire français sous le gouvernement de Pierre Mendès France, officialisé en 1958 par le général de Gaulle.

– 13 février 1960 : explosion de la première bombe A française, « Gerboise bleue », à Reggane dans le désert algérien.

– 24 août 1968 : explosion de la première bombe H française au-dessus de l'atoll de Fangataufa en Polynésie.

– 27 janvier 1996 : dernier essai nucléaire français. Un arrêt des essais avait précédemment eu lieu entre 1991 et 1995.

Un « privilège » présidentiel contesté à l'origine

››› Lors d'une séance de questions à l'Assemblée, le 24 avril 1964, Paul Coste-Floret et François Mitterrand contestent l'attribution au chef de l'État de cette prérogative. Ils se fondent sur l'article 34 de la Constitution, selon lequel la loi, et donc le Parlement, fixe les principes fondamentaux de l'organisation de la défense, et l'article 21 qui fait du Premier ministre le responsable de la défense nationale. Le Premier ministre, Georges Pompidou, leur répond que la dissuasion reposant sur la crédibilité de la menace, seul le président élu au suffrage universel a une autorité suffisante pour la mettre en œuvre. Ce rôle n'est plus contesté depuis.

La dissuasion selon Mitterrand

››› « La pièce maîtresse de la stratégie de dissuasion en France, c'est le chef de l'État, c'est moi » (entretien télévisé du 16 novembre 1983, pendant la crise des euromissiles).

Quels sont les services de l'Élysée et leur budget?

Le cabinet

Le président, comme les ministres, dispose d'un cabinet pour le conseiller. Il se compose du Secrétaire général, d'un chef d'état-major particulier, d'un directeur de cabinet et de différents conseillers (spéciaux, diplomatiques ou « sherpas », techniques). À chaque nouveau président, les titulaires de ces postes changent car ce sont des fonctions « politiques » liées au chef de l'État. Au 31 décembre 2020, le cabinet comptait 48 membres (Cour des comptes, juillet 2021).

Des services divers

Parmi eux, on peut citer le commandement militaire, qui assure la sécurité de l'Élysée et des résidences présidentielles. Le service audiovisuel prépare notamment les plateaux techniques pour les interventions audiovisuelles du président, s'occupe du son et de l'éclairage pour ses discours lors des déplacements. Le Protocole est chargé de l'accueil des hautes personnalités et accompagne le chef de l'État dans ses voyages à l'étranger. Fin 2020, les services de la présidence comptaient 798 agents.

Un budget contrôlé

Depuis 2009, les comptes et la gestion des services de la présidence sont soumis au contrôle de la Cour des comptes. Dans le projet de loi de finances pour 2022, la dotation de la présidence s'élève à 105,3 millions d'euros contre 112,3 millions en 2009.

Quelles sont les principales dépenses de l'Élysée ?

››› Le dernier examen des comptes de la présidence par la Cour des comptes date de juillet 2021 et porte sur le budget 2020. Sur 110 millions d'euros, les charges de personnel, comprenant le traitement du président, représentaient un peu moins des deux tiers du budget (71,5 millions d'euros). Suivaient quasiment à égalité, les charges de fonctionnement courant (15,7 millions d'euros) et les dépenses liées aux déplacements du chef de l'État (15,6 millions d'euros).

L'Élysée, le palais des présidents

››› Le palais de l'Élysée est la résidence officielle des présidents de la République depuis 1874. Pendant la IIe République (1848-1851), Louis-Napoléon Bonaparte, son président, s'y était déjà installé. Mais une fois devenu l'empereur Napoléon III en 1852, il lui a préféré les Tuileries et a fait entièrement rénover l'Élysée.
L'Élysée a été construit entre 1718 et 1722 par l'architecte Armand-Claude Mollet pour le comte d'Évreux. Le palais est passé entre plusieurs mains dont celles de la marquise de Pompadour et du maréchal Murat. Le roi Louis-Philippe (1830-1848) l'avait transformé en résidence pour les hôtes étrangers de la France.

Le saviez-vous ?

››› Jean-Louis Bianco est le Secrétaire général de l'Élysée nommé le plus jeune (à 39 ans) et ayant exercé ses fonctions le plus longtemps (1982-1991).

Le président, un grand bâtisseur ?

Un nouveau « domaine réservé » ?

À partir de Georges Pompidou, l'expression « grands travaux » est souvent employée pour désigner des réalisations architecturales d'envergure impulsées par le président. Aucune disposition dans la Constitution n'attribue une telle fonction au chef de l'État. Toutefois, l'implication de plusieurs présidents dans ce type de projets est telle qu'on a pu parler d'un élargissement du fameux « domaine réservé ».

Des « présidents architectes »

Georges Pompidou a attaché son nom au centre Beaubourg qui réunit des collections d'art moderne et contemporain. Valéry Giscard d'Estaing est associé, notamment, au musée d'Orsay et à l'Institut du monde arabe, même si ces projets ont été amplifiés ou menés à bien sous François Mitterrand. Les réalisations durant les deux septennats de celui-ci sont très nombreuses : Grand Louvre, Arche de la Défense, Opéra de la Bastille, Bibliothèque nationale de France... Le musée du quai Branly, consacré aux arts premiers, a été porté par Jacques Chirac.

Une exception française

Ce rôle architectural du président dans la capitale n'a pas d'équivalent dans les autres pays occidentaux. On peut y voir le prolongement d'une tradition monarchique : nombre de rois de France ayant laissé eux aussi un héritage architectural important.

Patrimoine et création

››› « On ne peut pas se figer dans le passé. Paris n'est pas une ville morte, ce n'est pas un musée à entretenir. Les bâtisseurs – de Louis XIV à Haussmann – ont détruit encore plus qu'ils n'ont construit. [...] Nous sommes des conservateurs de civilisation. La difficulté est d'être en même temps des créateurs. C'est pourquoi, bien entendu, il faut préserver le Paris historique. [...] Mais il faut aussi construire et pas seulement à des fins pratiques. » (Georges Pompidou, entretien dans *Le Monde* du 17 octobre 1972).

Pourquoi avoir créé le musée du quai Branly ?

››› « Dresser, face à l'emprise terne et menaçante de l'uniformité, la diversité infinie des peuples et des arts. Offrir l'imaginaire, l'inspiration, le rêve contre les tentations du désenchantement. Donner à voir ces interactions, cette collaboration des cultures [...] qui ne cesse d'entrelacer les fils de l'aventure humaine. Promouvoir, contre l'affrontement des identités et les logiques de l'enfermement et du ghetto, l'exigence du décloisonnement, de l'ouverture et de la compréhension mutuelle. Rassembler toutes celles et tous ceux qui, à travers le monde, s'emploient à faire progresser le dialogue des cultures et des civilisations. » (Jacques Chirac, allocution lors de l'inauguration du musée, 20 juin 2006).

Un président architecte

››› « Dans toute ville je me sens empereur ou architecte – ce qui revient au même –, je tranche, je décide, j'arbitre. » (François Mitterrand, *La paille et le grain*, 1975).

@ vous la parole

››› *Quelles pourraient être les évolutions de la fonction présidentielle dans une nouvelle Constitution qu'on évoque parfois ?*

‹‹‹‹‹ Après l'acceptation par l'ensemble de la classe politique de l'élection présidentielle au suffrage universel et l'alternance de 1981, la Ve République n'a plus suscité que des oppositions très faibles. À partir du milieu des années 1980, du fait surtout de la cohabitation, le thème du passage à une VIe République a refait surface. Aujourd'hui, plusieurs partis et personnalités politiques s'en réclament. Cela conduirait soit à un régime présidentiel, soit au retour à un régime parlementaire classique.

Dans un régime présidentiel, les ministres moins nombreux procéderaient directement du président et la fonction de Premier ministre serait supprimée puisque « tout remonte au président ». Parallèlement, la séparation des pouvoirs serait renforcée. Le président ne pourrait plus dissoudre l'Assemblée nationale et, en retour, celle-ci ne pourrait pas mettre en cause la responsabilité du gouvernement.

Il a aussi parfois été question de réviser l'actuelle Constitution pour établir un « présidentialisme à la française ». Le président serait pleinement reconnu comme chef de l'exécutif, mais il conserverait son droit de dissolution. La fonction de Premier ministre pourrait également subsister.

Dans le cas d'un retour à un régime parlementaire classique, c'est au contraire le Premier ministre qui dirigerait l'exécutif. Le président cesserait d'être élu au suffrage universel et son rôle se limiterait à des tâches de représentation et à veiller au bon fonctionnement des institutions.

Enfin, certains proposent le retour à un septennat mais non renouvelable, ce qui laisserait plus de temps au président pour agir tout en étant débarrassé de la préoccupation de sa réélection.

››› *Le Conseil constitutionnel est-il un véritable juge de l'élection présidentielle ?*

‹‹‹‹‹ L'article 58 de la Constitution fait du Conseil constitutionnel le juge de l'élection présidentielle. Celui-ci « veille à la régularité de l'élection du président de la République. Il examine les réclamations et proclame les résultats du scrutin ».

Avant le scrutin, il vérifie notamment si les candidats remplissent les conditions pour être élus (éligibilité), contrôle les parrainages (nombre et régularité des signatures nécessaires pour se présenter), s'assure du dépôt de la déclaration de situation patrimoniale de chaque candidat et la transmet à la Haute Autorité pour la transparence de la vie publique, établit la liste des candidats.

Le Conseil veille ensuite à la régularité des opérations électorales (vote, dépouillement...). Celles-ci terminées, il vérifie les résultats des bureaux de vote des communes que lui transmettent les commissions départementales de recensement composées de magistrats. Elles lui adressent aussi les pièces litigieuses (enveloppes et bulletins annulés ou contestés, feuilles de pointage...). Des membres du Conseil d'État et de la Cour des comptes l'aident dans sa tâche de vérification.

Ensuite, le Conseil réuni en séance plénière – c'est-à-dire au grand complet – soit approuve les résultats, soit les corrige, soit encore demande un supplément d'instruction.

Si au terme de ses travaux, le candidat arrivé en tête n'obtenait plus la majorité, les résultats seraient alors annulés.

Le Conseil examine également les recours contre les décisions de la Commission nationale des comptes de campagne et des financements politiques chargée de vérifier les comptes de campagne des candidats à l'élection présidentielle.

››› *Les pouvoirs exceptionnels du président de la République peuvent-ils faire l'objet de recours?*

‹‹‹‹‹ Les pouvoirs exceptionnels ou pouvoirs de crise sont définis à l'article 16 de la Constitution. Il habilite le président à prendre toutes les mesures nécessitées par des circonstances exceptionnellement graves, au moyen d'actes appelés « décisions ». Dans ce cadre, les règles ordinaires de séparation des compétences législatives et exécutives ne s'appliquent plus.

Les pouvoirs exceptionnels du président peuvent-ils faire l'objet de recours? Leur déclenchement, non. Leur application, oui :

sans doute davantage que lors de l'unique mise en œuvre de l'article 16, il y a plus de cinquante ans.

« Acte de gouvernement », la décision présidentielle de déclencher (ou de suspendre) l'article 16 de la Constitution n'est susceptible d'aucun recours juridictionnel interne. Certes, le Conseil constitutionnel rend un avis public sur sa mise en application, mais il n'est que consultatif et le chef de l'État n'est pas obligé de le suivre.

En 1961, l'usage des pouvoirs exceptionnels a duré plus de cinq mois, malgré la fin rapide des troubles en Algérie. C'est sans doute pourquoi, depuis la révision de 2008, le Conseil peut se prononcer de nouveau sur le maintien de l'article 16, sur saisine au bout de trente jours, et de plein droit après soixante jours. Mais la portée de tels avis resterait plus politique que juridique : on ne peut parler de recours.

Cependant, les décisions présidentielles prises sous le régime de l'article 16 seront, quant à elles, de nature législative ou réglementaire. À ce titre, les juridictions françaises sont en mesure de priver de substance les effets excessifs de l'article 16. C'est le cas en particulier en matière de droits fondamentaux : si leur garantie est restreinte au-delà de ce qu'exigent les circonstances exceptionnelles, les décisions prises dans ce domaine sont désormais susceptibles d'un recours par le biais d'une question prioritaire de constitutionnalité (QPC).

››› *Quel avenir pour la cohabitation depuis le passage au quinquennat ?*

‹‹‹‹‹ La cohabitation devient plus improbable, mais pas impossible.

La durée du mandat présidentiel alignée sur celle des députés, l'élection du président quelques semaines avant celle de l'Assemblée nationale : la logique veut que les citoyens donnent au nouvel élu une majorité parlementaire qui lui permette d'appliquer son programme. Ce qui s'est produit depuis 2002.

La cohabitation n'est cependant pas impossible. Si un président décède ou démissionne au cours de son mandat, la succession immédiate des deux élections est interrompue. Les élections législatives interviennent alors au cours du mandat du nouveau président. Elles peuvent se traduire par un vote de défiance à son encontre et une victoire de ses opposants.

Même en cas de situation « normale », avec respect du calendrier électoral, tout est possible. Élection présidentielle et élections législatives sont par nature très différentes. Le président est élu dans une circonscription unique, le territoire national, et les députés dans 577 circonscriptions. Dans ces dernières, si un troisième parti obtient des scores suffisamment bons pour lui permettre de se maintenir au second tour, il peut troubler le jeu entre les deux partis dominants au profit ou au détriment de l'un ou de l'autre. Le parti présidentiel peut alors se trouver en minorité. Ce cas s'est produit une fois, lors des élections législatives de 1997. Le Front national avait pu se maintenir dans plus de 100 circonscriptions, le plus souvent au détriment des partisans du président. Il a en partie facilité la victoire de l'opposition de gauche.

Enfin et surtout, rien n'est acquis à l'avance car, dans le secret de l'isoloir, le dernier mot revient au citoyen dont on ne peut prévoir les réactions !

››› *Quelle est l'influence du président de la République sur les médias ?*

‹‹‹‹‹ La loi du 15 novembre 2013 relative à l'indépendance de l'audiovisuel public a rendu au Conseil supérieur de l'audiovisuel (CSA) le pouvoir de nommer les présidents des sociétés France Télévisions et Radio France et celui de la société en charge de l'audiovisuel extérieur de la France. Désignés pour cinq ans à la majorité des membres du CSA, ceux-ci doivent, dans un délai de deux mois après leur nomination, transmettre un rapport d'orientation aux commissions des Affaires culturelles de l'Assemblée nationale et du Sénat qui peuvent les auditionner.

Le mandat de ces présidents pourra leur être retiré par décision motivée du CSA (article 47-4 et 47-5 de la loi du 30 septembre 1986 relative à la liberté de communication).

La loi de 2013 a donné en partie satisfaction à ceux qui soutenaient que le CSA aurait dû continuer, au nom de l'indépendance à l'égard du pouvoir politique, de nommer les présidents en charge des chaînes de radio et de télévision publiques. Reste que le président de la République ne perd pas toute influence puisque la loi lui conserve la prérogative de nommer le président du CSA, les six autres membres étant désignés à part égale par les présidents des deux Chambres. Pouvoir présidentiel de nomination que d'autres voulaient préserver au nom de la légitimité de l'État en tant qu'actionnaire.

Enfin, il faut noter qu'aujourd'hui les sources d'information et du débat publics se sont considérablement diversifiées avec le succès des chaînes privées d'information continue et surtout le développement des réseaux sociaux. Ces médias ont à leur tête des dirigeants qui ne relèvent d'aucune procédure publique de nomination et échappent ainsi à toute influence présidentielle, réelle ou supposée.

››› *Le président peut-il démissionner?*

‹‹‹‹‹ Comme tout détenteur d'un mandat électif, le président peut tout à fait démissionner avant le terme de ce dernier. Mais la démission du général de Gaulle en 1969, à la suite de l'échec du référendum d'avril, constitue le seul précédent en la matière : ce geste serait-il depuis lors inconcevable ?

La démission du fondateur des institutions de la Ve République revêt sans doute une portée particulière. De plus, promoteur de l'élection du président au suffrage universel, de Gaulle ne pouvait tenir le référendum « perdu » que comme un désaveu populaire. Toutefois, son départ continue de faire l'objet d'interprétations diverses et variées… ce qui se conçoit pour un personnage entré de longue date dans l'histoire.

Reste que si les institutions qu'il avait fondées ont survécu à son départ, sa pratique ne s'est pas perpétuée. Ni la maladie (Georges Pompidou, François Mitterrand), ni la cohabitation après la défaite de son camp politique aux législatives (F. Mitterrand, Jacques Chirac), ni même un référendum « perdu » (J. Chirac) n'auront ensuite conduit un président à se démettre de ses fonctions. La charge du président, garant du bon fonctionnement des institutions de la Ve République, n'est pas un simple mandat. Le chef de l'État peut démissionner, il en a toujours la faculté. Mais l'idée s'est semble-t-il imposée, au fil du temps, qu'une démission serait perçue comme un manquement aux devoirs de sa charge.

››› *Le président a-t-il un droit de regard sur la nomination des évêques ?*

‹‹‹‹‹ La loi de 1905 de séparation des Églises et de l'État a mis fin à l'usage qui réservait au chef de l'État le pouvoir de présenter au Pape la liste des candidats aux évêchés vacants. Aujourd'hui, c'est donc le Saint-Siège qui nomme les évêques de France. Mais en vertu d'un accord diplomatique avec l'autorité romaine remontant à 1921, le gouvernement français conserve un droit d'objection sur le choix effectué par le souverain Pontife.

Il y a cependant quelques dérogations à cette procédure générale. Ainsi en est-il de la désignation de l'archevêque de Strasbourg et de l'évêque de Metz qui relève également d'une procédure particulière héritée du régime concordataire de 1801 qui continue à s'appliquer en Alsace-Moselle. Ainsi la rémunération des prêtres, pasteurs et rabbins y reste assurée par l'État et le président de la République dispose d'un véritable pouvoir de co-nomination des chefs de l'Église pour les départements du Bas-Rhin, du Haut-Rhin et de la Moselle. En pratique, l'archevêque de Strasbourg et l'évêque de Metz sont choisis par le pape qui transmet une bulle pontificale au ministère français de l'Intérieur, et c'est le président de la République qui officialise par un décret publié au *Journal officiel* l'investiture du candidat retenu après accord des parties.

››› *Le président peut-il décider seul de l'état d'urgence ?*

‹‹‹‹‹ Le président François Hollande a annoncé l'instauration de l'état d'urgence sur tout le territoire au soir des attentats du 13 novembre 2015 (130 morts). Le décret du 14 novembre 2015 pris en Conseil des ministres a rendu sa décision effective. C'est du seul chef de l'État, après avis du gouvernement, que relève la décision de mettre en œuvre l'état d'urgence, défini par la loi du 3 avril 1955 comme un régime d'exception qui « peut être déclaré sur tout ou partie du territoire métropolitain ou des départements d'outre-mer, soit en cas de péril imminent résultant d'atteintes graves à l'ordre public, soit en cas d'événements présentant, par leur nature et par leur gravité, le caractère de calamité publique ». Il permet aux autorités administratives d'ordonner des perquisitions à domicile de jour comme de nuit sans mandat judiciaire, de décider d'assignations à résidence de personnes considérées comme dangereuses pour l'ordre public, de prendre toutes mesures pour assurer le contrôle des médias ou encore d'interdire les réunions et manifestations pouvant provoquer le désordre.

Mais parce que l'état d'urgence est un régime dérogatoire susceptible de restreindre certains droits de l'individu et du citoyen, il ne peut être prolongé au-delà de 12 jours que par une loi votée par le Parlement. La loi du 20 novembre 2015 a permis de proroger l'état d'urgence sur tout le territoire national pour une période de trois mois, renouvelée plusieurs fois par le Parlement. Il s'est achevé le 1er novembre 2017.

››› *État d'urgence sanitaire, Conseils de défense sanitaire, de nouveaux pouvoirs pour le président de la République?*

‹‹‹‹‹ L'état d'urgence sanitaire est un nouveau dispositif mis en place par la loi du 23 mars 2020 pour faire face à l'épidémie de Covid-19. Il emprunte des éléments à l'état d'urgence défini par la loi de 1955. Ainsi, il est déclaré par décret pris en Conseil des ministres et sa prorogation au-delà d'un mois (et non plus douze jours) ne peut être autorisée que par la loi (donc le Parlement).

Les Conseils de défense sanitaire sont une forme de conseils de défense et de sécurité nationale chargés de prendre des décisions de crise dans le domaine sanitaire. Y siègent le président de la République, qui le préside, le Premier ministre, le ministre de la Santé, le ministre de la Défense, le ministre de l'Intérieur, le ministre de l'Économie et celui du Travail, auxquels peuvent se joindre des acteurs des grandes institutions publiques du domaine de la santé. Leurs décisions s'appuient sur les recommandations d'un Conseil scientifique créé en mars 2020 et qui est une formation indépendante composée d'experts.

Ce dispositif a été critiqué par certains pans de l'opposition parlementaire. Ceux-ci trouvaient que le Parlement était réduit à une chambre d'enregistrement de décisions prises par l'exécutif, réduisant également le rôle de contrôle du Parlement sur l'action du gouvernement.

››› *Quels sont les moyens mis à disposition des anciens présidents de la République?*

‹‹‹‹‹ Actuellement, un ancien président de la République bénéficie d'un appartement de fonction meublé auquel sont affectées deux personnes, d'une voiture de fonction avec deux chauffeurs, de sept collaborateurs permanents, dont un directeur de cabinet, de deux policiers pour assurer sa protection rapprochée et d'une dotation mensuelle d'environ 6 000 euros. En tant que membre de droit du Conseil constitutionnel, il peut également toucher une indemnité. Il jouit également de la gratuité pour tous ses déplacements sur les lignes SNCF et Air France.

Le décret du 4 octobre 2016 « relatif au soutien matériel et en personnel apporté aux anciens présidents de la République » introduit une dégressivité des moyens matériels et logistiques qui leur sont accordés. Au bout d'un délai de cinq ans, le nombre de collaborateurs permanents passe de sept à trois, celui des agents de services de deux à un. En outre, « les frais de réception et de déplacement » seront pris en charge par l'État exclusivement pour les activités en rapport avec leur fonction d'ancien chef de l'État.

Ce délai de cinq années « court à compter de la date d'entrée en vigueur du présent décret » pour les anciens présidents investis avant le 15 mai 2012. Pour François Hollande et ses successeurs, il s'appliquera dès leur cessation de fonction. Après les décès de Jacques Chirac (2019) et Valéry Giscard d'Estaing (2020), seuls Nicolas Sarkozy et François Hollande sont d'anciens présidents. Nicolas Sarkozy ne siège plus au Conseil constitutionnel, François Hollande n'y a jamais siégé. Emmanuel Macron a déjà annoncé qu'il n'y siégerait pas et qu'il renonçait à sa « retraite » de président.

Bibliographie et sitothèque

- **Philippe Blachèr, Jean Garrigues, Jean-Louis Debré (préface),**
  La Constitution de 1958 à nos jours, La Documentation française, 2019 (Beau-Livre).
- **Francis Hamon,**
  « La loi constitutionnelle du 23 juillet 2008 : quelle modernisation pour les institutions ? », *Regards sur l'actualité* n° 344, La Documentation française, octobre 2008.
- **« Démocratie : crise ou renouveau ? »,**
  Cahiers français, n° 420-421, La Documentation française, mars-juin 2021.
- **« La Ve République et ses évolutions »,**
  Cahiers français, n° 397, La Documentation française, mars-avril 2017.
- ***Constitution française du 4 octobre 1958. Texte intégral en vigueur,***
  La Documentation française, 2016 (format poche).
- **Site de la présidence de la République**
  https://www.elysee.fr/
- **Site du Conseil constitutionnel**
  https://www.conseil-constitutionnel.fr/
- **Site vie publique**
  https://www.vie-publique.fr/
- **Site service public**
  https://www.service-public.fr/

Collection Doc'en poche

SÉRIE « ENTREZ DANS L'ACTU »

1. Parlons nucléaire en 30 questions (2e édition septembre 2015)
de Paul Reuss

2. Parlons impôts en 30 questions (3e édition septembre 2020)
de Jean-Marie Monnier

3. Parlons immigration en 30 questions (3e édition octobre 2021)
de François Héran

4. France 2012, les données clés du débat présidentiel
des rédacteurs de la Documentation française

5. Le président de la République en 30 questions (3e édition janvier 2022)
d'Isabelle Flahault et Philippe Tronquoy

6. Parlons sécurité en 30 questions
d'Éric Heilmann

7. Parlons mondialisation en 30 questions (2e édition octobre 2017)
d'Eddy Fougier

8. Parlons école en 30 questions (arrêt de commercialisation)
de Georges Felouzis

9. L'Assemblée nationale en 30 questions
de Bernard Accoyer

10. Parlons Europe en 30 questions (2e édition octobre 2014)
de David Siritzky

13. Parlons dette en 30 questions (2e édition octobre 2017)
de Jean-Marie Monnier

14. Parlons jeunesse en 30 questions
d'Olivier Galland

21. Parlons justice en 30 questions
d'Agnès Martinel et Romain Victor

22. France 2014, les données clés
des rédacteurs de la Documentation française

25. Parlons gaz de schiste en 30 questions
de Pierre-René Bauquis

26. Parlons banque en 30 questions (2e édition avril 2018)
de Jézabel Couppey-Soubeyran et Christophe Nijdam

30. France 2015, les données clés
des rédacteurs de la Documentation française

35. Parlons prison en 30 questions
de Sarah Dindo

40. Parlons climat en 30 questions
de Christophe Cassou et Valérie Masson-Delmotte

42. France 2016, les données clés
des rédacteurs de la Documentation française

49. Parlons laïcité en 30 questions (2e édition décembre 2021)
de Jean Baubérot et Micheline Milot

53. France 2022, les données clés
des rédacteurs de la Documentation française

73. Parlons décentralisation en 30 questions
de Vincent Aubelle et Éric Kerrouche

74. Parlons école en 30 questions
de Pierre Merle

SÉRIE « PLACE AU DÉBAT »

11. Retraites : quelle nouvelle réforme ?
d'Antoine Rémond

12. La France, bonne élève du développement durable ?
de Robin Degron

15. L'industrie française décroche-t-elle ?
de Pierre-Noël Giraud et Thierry Weil

16. Tous en classes moyennes ?
de Serge Bosc

23. Crise ou changement de modèle ?
d'Élie Cohen

24. Réinventer la famille ?
de Stéphanie Gargoullaud et Bénédicte Vassallo

27. Parents-enfants : vers une nouvelle filiation ?
de Claire Neirinck et Martine Gross

28. Vers la fin des librairies ?
de Vincent Chabault

31. Des pays toujours émergents ?
de Pierre Salama

32. La santé pour tous ?
de Dominique Polton

38. Faut-il suivre le modèle allemand ?
de Christophe Blot, Odile Chagny et Sabine Le Bayon

39. Politique culturelle, fin de partie ou nouvelle saison ?
de Françoise Benhamou

43. Revenir au service public ?
de Gilles Jeannot et Olivier Coutard

44. Une justice toujours spécialisée pour les mineurs ?
de Dominique Youf

48. Faut-il attendre la croissance ?
de Florence Jany-Catrice et Dominique Méda

50. La mort est-elle un droit ?
de Véronique Fournier

51. Le robot est-il l'avenir de l'homme ?
de Rodolphe Gelin et Olivier Guilhem

54. Russie : vers une nouvelle guerre froide ?
sous la direction de Jean-Robert Raviot

56. Quel avenir pour la fonction publique ?
de Luc Rouban

58. La mer, nouvel eldorado?
sous la direction de Cyrille P. Coutansais et Claire de Marignan

59. Exclusion : vers zéro SDF?
de Julien Damon

60. La démocratie représentative est-elle en crise?
de Luc Rouban

62. La Constitution de 1958, toujours d'actualité?
de Philippe Blachèr

63. Faut-il avoir peur des fake news?
de Divina Frau-Meigs

67. Municipales : quels enjeux démocratiques?
de Rémi Lefebvre

68. Les primaires, de l'engouement au désenchantement?
de Rémi Lefebvre

69. Quel avenir pour les maires?
de Luc Rouban

70. L'intelligence artificielle, avec ou contre nous?
de Olivier Guilhem et Rodolphe Gelin

71. Smart city, ville intelligente : quels modèles pour demain?
de Jean Haëntjens

76. Santé et libertés : faut-il choisir?
de Dominique Polton et Jean-Philippe Vinquant

SÉRIE « REGARD D'EXPERT »

18. Les politiques de l'éducation en France (3e édition octobre 2021)
de Lydie Heurdier et Antoine Prost

19. La face cachée de Harvard
de Stéphanie Grousset-Charrière

20. La criminalité en France
de Christophe Soullez

29. La guerre au XXe siècle
de Stéphane Audoin-Rouzeau, Raphaëlle Branche, Anne Duménil, Pierre Grosser et Sylvie Thénault

33. Quelle politique pour la culture? Florilège des débats
sous la direction de Philippe Poirrier

34. Une jeunesse différente?
sous la direction d'Olivier Galland et Bernard Roudet

36. La République territoriale
de Pierre Sadran

37. Les monothéismes d'hier à aujourd'hui
de Régine Azria, Dominique Borne, Pascal Buresi, Sonia Fellous et Anna Van den Kerchove

41. Environnement et inégalités sociales
sous la direction de Floran Augagneur et Jeanne Fagnani

45. Les grands textes internationaux des droits de l'homme (2e édition juin 2021)
de Emmanuel Decaux

46. Regards sur les États-Unis
de Cynthia Ghorra-Gobin, Guillaume Poiret, Jacques Portes et Marie-Jeanne Rossignol

47. Les politiques de la culture en France
de Philippe Poirrier

55. La cour d'assises
sous la direction de Denis Salas

57. Regards sur la France
de Dominique Borne, Olivier Feiertag, Pascale Goetschel et Magali Reghezza-Zitt

61. Aux origines de la République (1789-1914)
de Jacques-Olivier Boudon, Arnaud-Dominique Houte et Jean-Clément Martin

64. Jean-Louis Crémieux-Brilhac (1917-2015). Servir la France, servir l'État
de Julien Winock

65. Regards sur l'Europe
de Michel Foucher, Étienne François, Boris Grésillon et Thomas Serrier

66. Citoyenneté et République
de Vincent Azoulay, Sabine Jansen, Mathilde Larrère et Valentine Zuber

72. Innovation publique et nouvelles formes de management public
de Angélina Armandy et Madina Rival

75. Les politiques audiovisuelles en France de 1945 à nos jours
de Évelyne Cohen et Olivier Roger

Imprimerie de la Direction de l'information légale et administrative
N° 663210130-001221 – Dépôt légal : décembre 2021

PEFC Certifié PEFC 70 % FCBA/10-01283 IMPRIM'VERT®